Impressum
Verlag: BABADADA GmbH, Nedderfeld 112 , 22529 Hamburg
Geschäftsführer / Verlagsleitung: Harald Hof
Druck: Books on Demand GmbH, In de Tarpen 42, 22848 Norderstedt

Imprint
Publisher: BABADADA GmbH, Nedderfeld 112 , 22529 Hamburg, Germany
Managing Director / Publishing direction: Harald Hof
Print: Books on Demand GmbH, In de Tarpen 42, 22848 Norderstedt

# școală

# σχολείο

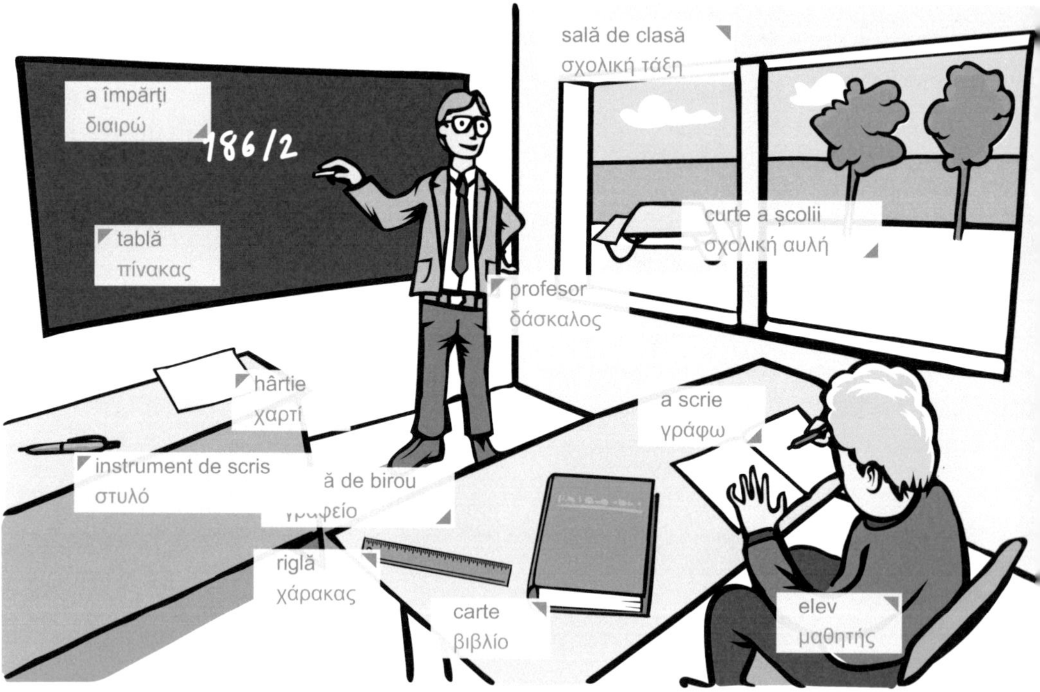
sală de clasă
σχολική τάξη
a împărți
διαιρώ
186/2
tablă
πίνακας
curte a școlii
σχολική αυλή
profesor
δάσκαλος
hârtie
χαρτί
a scrie
γράφω
instrument de scris
στυλό
ă de birou
φείο
riglă
χάρακας
carte
βιβλίο
elev
μαθητής

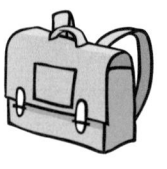

ghiozdan

σχολική τσάντα

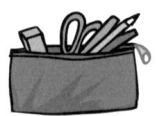

penar

κασετίνα/ μολυβοθήκη

creion

μολύβι

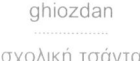

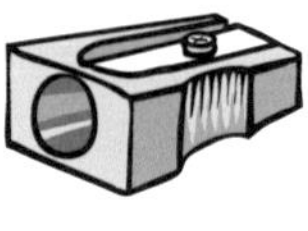

ascuțitoare

ξύστρα

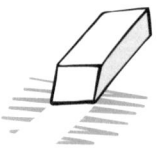

radieră

γόμα

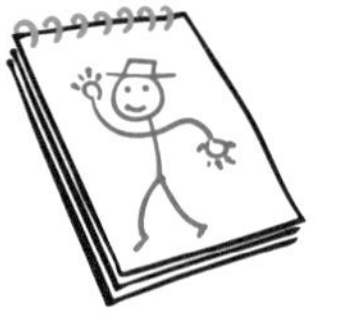

bloc de desen

μπλοκ ζωγραφικής

desen

ζωγραφική

pensulă

πινέλο

cutie de acuarele

κουτί χρωμάτων

foarfece

ψαλίδι

lipici

κόλλα

caiet de exerciţii

τετράδιο ασκήσεων

temă

εργασία για το σπίτι

număr

αριθμός

a aduna

προσθέτω

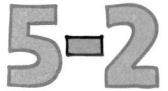

a scădea

αφαιρώ

a multiplica

πολλαπλασιάζω

calcula_img

a calcula

υπολογίζω

literă

γράμμα

alfabet

αλφάβητο

cuvânt

λέξη

text

κείμενο

a citi

διαβάζω

cretă

κιμωλία

oră

μάθημα

catalog

εγγράφομαι

examen

τεστ

certificat

πιστοποιητικό

uniformă şcolară

μαθητική στολή

educație

εκπαίδευση

enciclopedie

εγκυκλοπαίδεια

universitate

πανεπιστήμιο

microscop

μικροσκόπιο

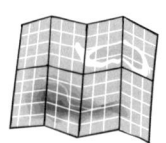

hartă

χάρτης

coş de gunoi

καλάθι αχρήστων

# călătorie
# ταξίδι

hotel
ξενοδοχείο
Grand
hostel
ξενώνας
ROOMS
casă de schimb valutar
ανταλλακτήρια συναλλάγματος
valiză
βαλίτσα
autovehicul
αυτοκίνητο

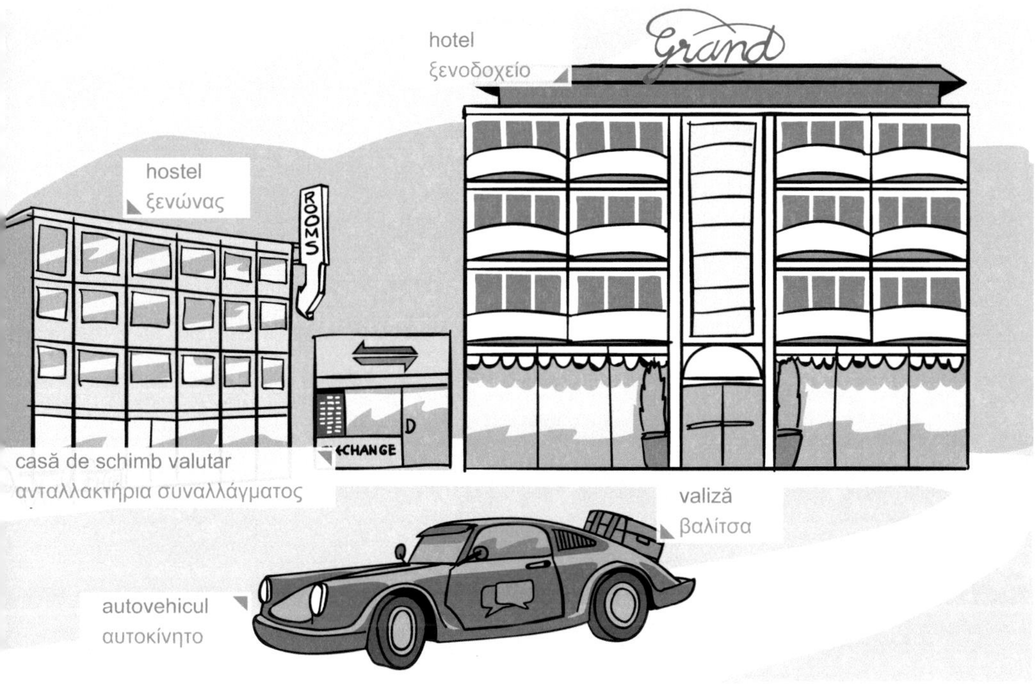

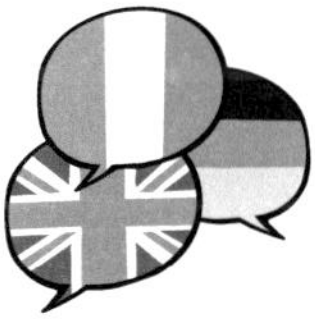

limbă

γλώσσα

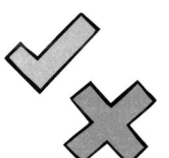

da/nu

ναι / όχι

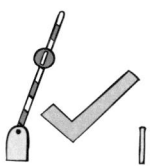

okay

εντάξει

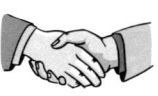

Bună!

γεια σου

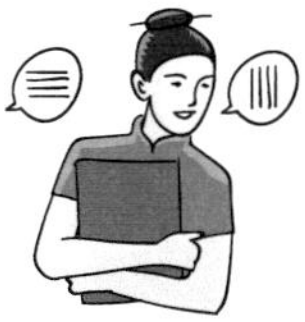

interpret

μεταφραστής

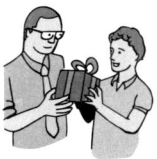

mulțumesc

Ευχαριστώ

Cât costă…?

πόσο κάνει ;

Nu înțeleg

Δε καταλαβαίνω

problemă

πρόβλημα

Bună seara!

Καλησπέρα!

Bună dimineața!

Καλημέρα!

Noapte bună!

Καληνύχτα!

la revedere

Αντίο

direcție

κατεύθυνση

bagaj

αποσκευές

geantă

τσάντα

rucsac

σακίδιο πλάτης

oaspete

καλεσμένος

cameră

δωμάτιο

sac de dormit

υπνόσακος

cort

σκηνή

punct de informare turistică

τουριστικές πληροφορίες

plajă

παραλία

carte de credit

πιστωτική κάρτα

mic dejun

πρωινό

masa de prânz

μεσημεριανό

cină

δείπνο

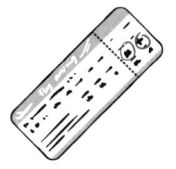

bilet de călătorie

εισιτήριο

lift

ανελκυστήρας

timbru poștal

γραμματόσημο

graniță

σύνορα

vamă

τελωνείο

ambasadă

πρεσβεία

viză

βίζα

pașaport

διαβατήριο

# transport
# μεταφορά

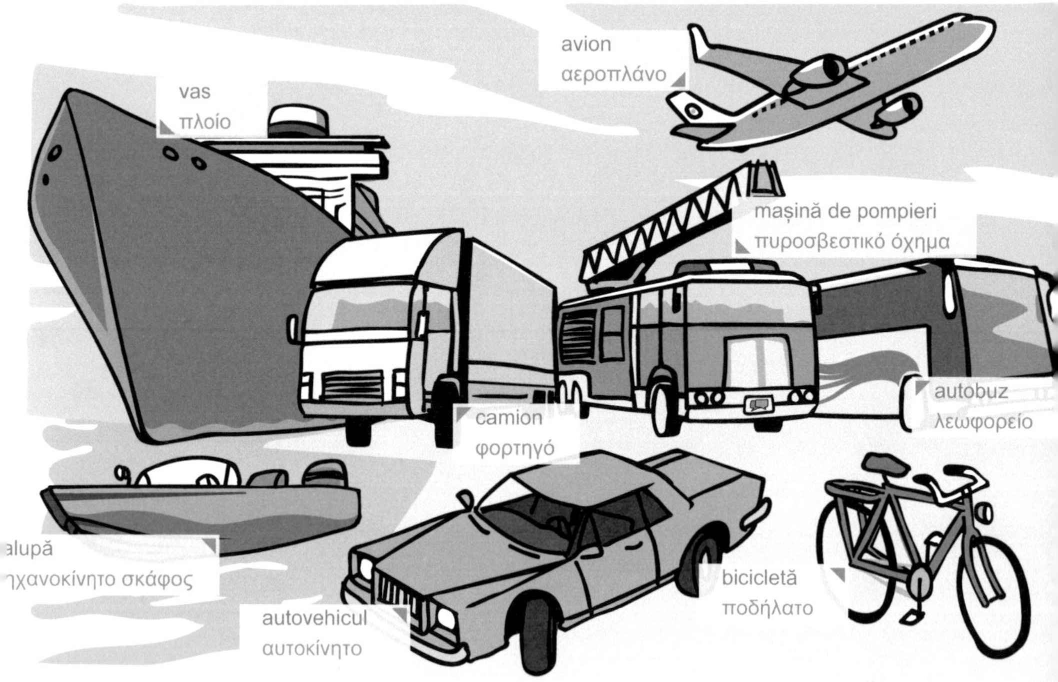

avion
αεροπλάνο
vas
πλοίο
mașină de pompieri
πυροσβεστικό όχημα
autobuz
λεωφορείο
camion
φορτηγό
alupă
ηχανοκίνητο σκάφος
bicicletă
ποδήλατο
autovehicul
αυτοκίνητο


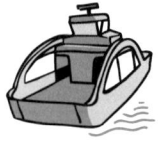

feribot

φεριμπότ

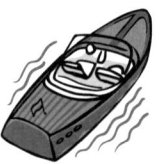

barcă

βάρκα

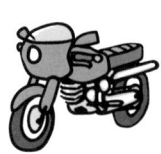

motocicletă

μοτοσικλέτα

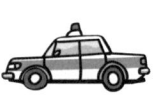

mașină de poliție

περιπολικό

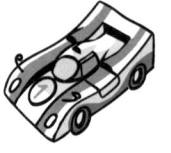

mașină de curse

αγωνιστικό αυτοκίνητο

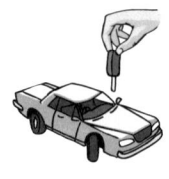

mașină închiriată

ενοικιαζόμενο αυτοκίνητο

| car sharing | mașină de tractat | mașină de gunoi |
| διαμοιρασμός αυτοκινήτων | γερανός | απορριμματοφόρο |

| motor | combustibil | benzinărie |
| κινητήρας | καύσιμο | βενζινάδικο |

| semn de circulație | trafic | ambuteiaj |
| πινακίδα σήμανσης | κυκλοφορία | κυκλοφοριακή συμφόρηση |

| parcare | gară | șine |
| χώρος στάθμευσης | σιδηροδρομικός σταθμός | σιδηροδρομικές γραμμές |

| tren | tramvai | vagon |
| τρένο | τραμ | βαγόνι |

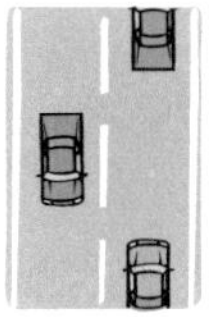

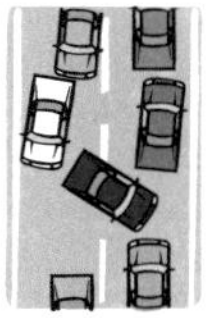

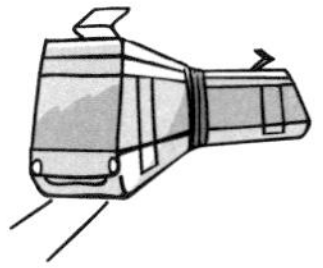

transport - μεταφορά

9

elicopter

ελικόπτερο

aeroport

αεροδρόμιο

turn

πύργος

pasager

επιβάτης

container

εμπορευματοκιβώτιο

carton

χαρτοκιβώτιο

căruţă

καρότσι

coş

καλάθι

a decola/a ateriza

απογειώνομαι /
προσγειόνομαι

## oraş
## πόλη

sat

χωριό

centru

κέντρο της πόλης

casă

σπίτι

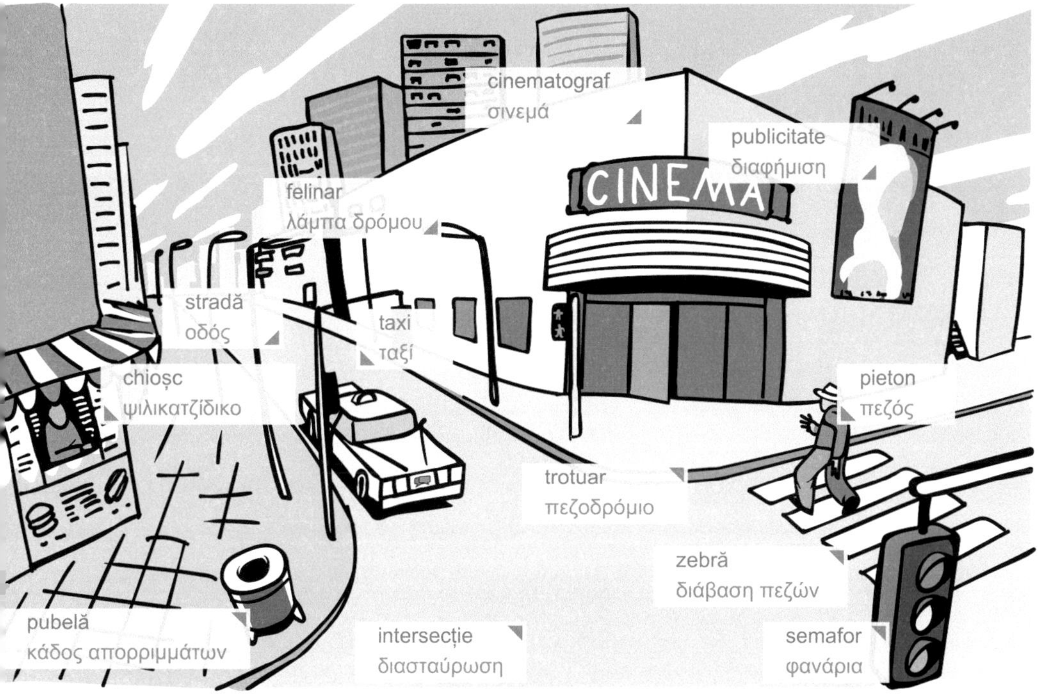

cinematograf
σινεμά
publicitate
διαφήμιση
CINEMA
felinar
λάμπα δρόμου
stradă
οδός
taxi
ταξί
chioșc
ψιλικατζίδικο
pieton
πεζός
trotuar
πεζοδρόμιο
zebră
διάβαση πεζών
pubelă
κάδος απορριμμάτων
intersecție
διασταύρωση
semafor
φανάρια

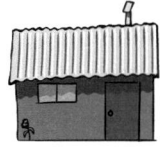

cabană

καλύβα

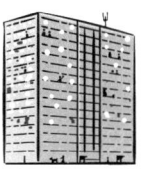

apartament

διαμέρισμα

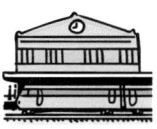

gară

σιδηροδρομικός σταθμός

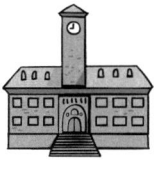

primărie

δημαρχείο

MUSEUM

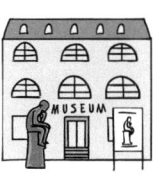

muzeu

μουσείο

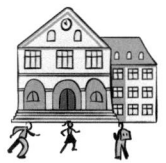

școală

σχολείο

universitate

πανεπιστήμιο

bancă

τράπεζα

spital

νοσοκομείο

hotel

ξενοδοχείο

farmacie

φαρμακείο

birou

γραφείο

librărie

βιβλιοπωλείο

magazin

κατάστημα

florărie

ανθοπωλείο

supermarket

σούπερ μάρκετ

piață

αγορά

magazin universal

πολυκατάστημα

comerciant de pește

ιχθυοπωλείο

centru comercial

εμπορικό κέντρο

port

λιμάνι

parc

πάρκο

bancă

παγκάκι

pod

γέφυρα

trepte

σκάλες

metrou

μετρό

tunel

τούνελ

staţie de autobuz

στάση λεωφορείου

bar

μπαρ

restaurant

εστιατόριο

cutie poştală

γραμματοκιβώτιο

tăbliţă indicatoare cu
numele străzii

πινακίδα δρόμου

parcometru

παρκόμετρο

grădină zoologică

ζωολογικός κήπος

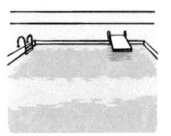

piscină

πισίνα

moschee

τζαμί

gospodărie țărănească

αγρόκτημα

poluare

ρύπανση

cimitir

νεκροταφείο

biserică

εκκλησία

loc de joacă

παιδική χαρά

templu

ναός

## peisaj
## τοπίο

frunză
φύλλο

indicator
πινακίδα κατεύθυνσης

drum
δρόμος

pajişte
λιβάδι

piatră
πέτρα

copac
δέντρο

drumeţ
πεζοπόρος

râu
ποτάμι

iarbă
χορτάρι

floare
λουλούδι

vale

κοιλάδα

deal

λόφος

lac

λίμνη

pădure

δάσος

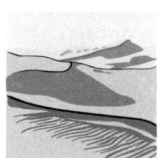

deşert

έρημος

vulcan

ηφαίστειο

castel

κάστρο

curcubeu

ουράνιο τόξο

ciupercă

μανιτάρι

palmier

φοίνικας

țânțar

κουνούπι

muscă

μύγα

furnică

μυρμήγκι

albină

μέλισσα

păianjen

αράχνη

peisaj - τοπίο

gândac
σκαθάρι

broască
βάτραχος

veveriță
σκίουρος

arici
σκαντζόχοιρος

iepure
λαγός

bufniță
κουκουβάγια

pasăre
πουλί

lebădă
κύκνος

porc mistreț
αγριογούρουνο

cerb
ελάφι

elan
άλκη

dig
φράγμα

turbină eoliană
ανεμογεννήτρια

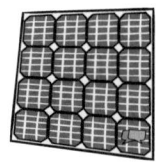

panou solar
ηλιακός συλλέκτης

climă
κλίμα

# restaurant
# εστιατόριο

chelnăr
σερβιτόρος
meniu
κατάλογος
scaun
καρέκλα
supă
σούπα
pizza
πίτσα
tacâmuri
μαχαιροπίρουνα
față de masă
τραπεζομάντιλο


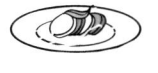

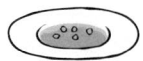

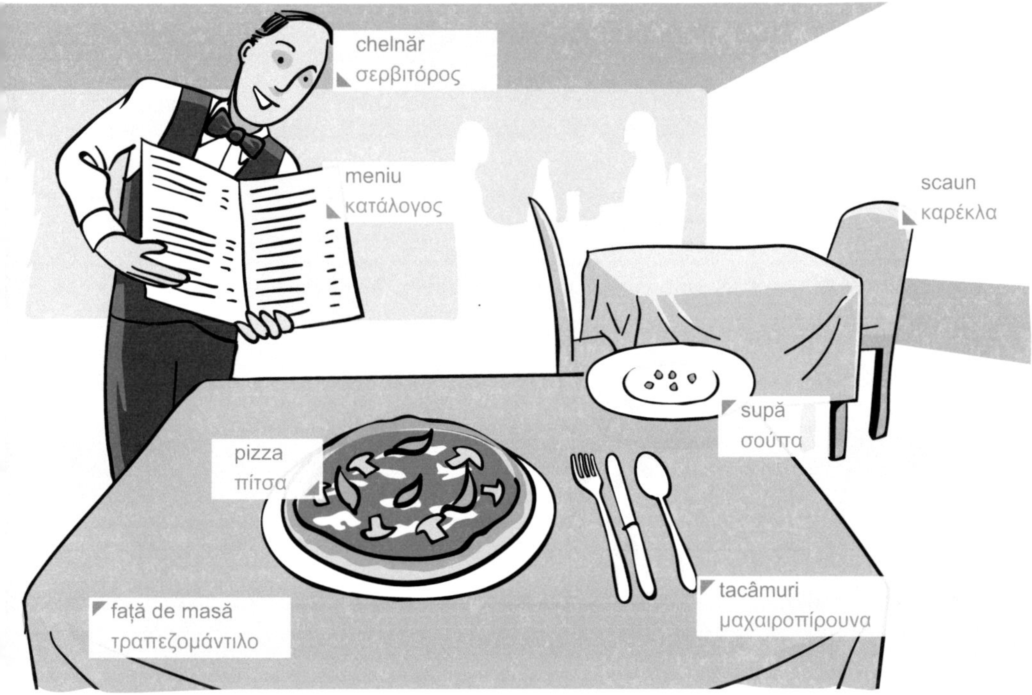

antreu

ορεκτικό

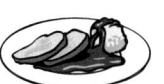

fel principal

κύριο πιάτο

desert

επιδόρπιο

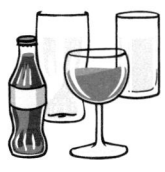

băuturi

ποτά

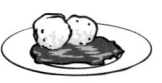

mâncare

φαγητό

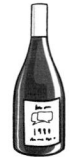

sticlă

μπουκάλι

fastfood

φαστ φουντ

streetfood

φαγητό στ' όρθιο

ceainic

τσαγιέρα

zaharniţă

δοχείο ζάχαρης

porţie

μερίδα

espressor

μηχανή εσπρέσο

scaun înalt (pentru copii)

ψηλή καρέκλα

factură

λογαριασμός

tavă

δίσκος

cuţit

μαχαίρι

furculiţă

πιρούνι

lingură

κουτάλι

linguriţă

κουταλάκι του τσαγιού

şerveţel

πετσέτα φαγητού

pahar

ποτήρι

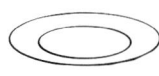

farfurie

πιάτο

farfurie de supă

πιάτο σούπας

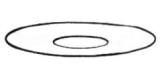

farfurie

πιατάκι φλιτζανιού

sos

σάλτσα

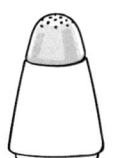

solniță

αλατιέρα

râșniță de piper

μύλος για πιπέρι

oțet

ξύδι

ulei

λάδι

condimente

μπαχαρικά

ketchup

κέτσαπ

muștar

μουστάρδα

maioneză

μαγιονέζα

# supermarket
# σούπερ μάρκετ

ofertă
προσφορά
FOR
client
πελάτης
produse lactate
γαλακτοκομικά προϊόντα
fructe
φρούτα
cărucior de cumpărături
καρότσι για ψώνια

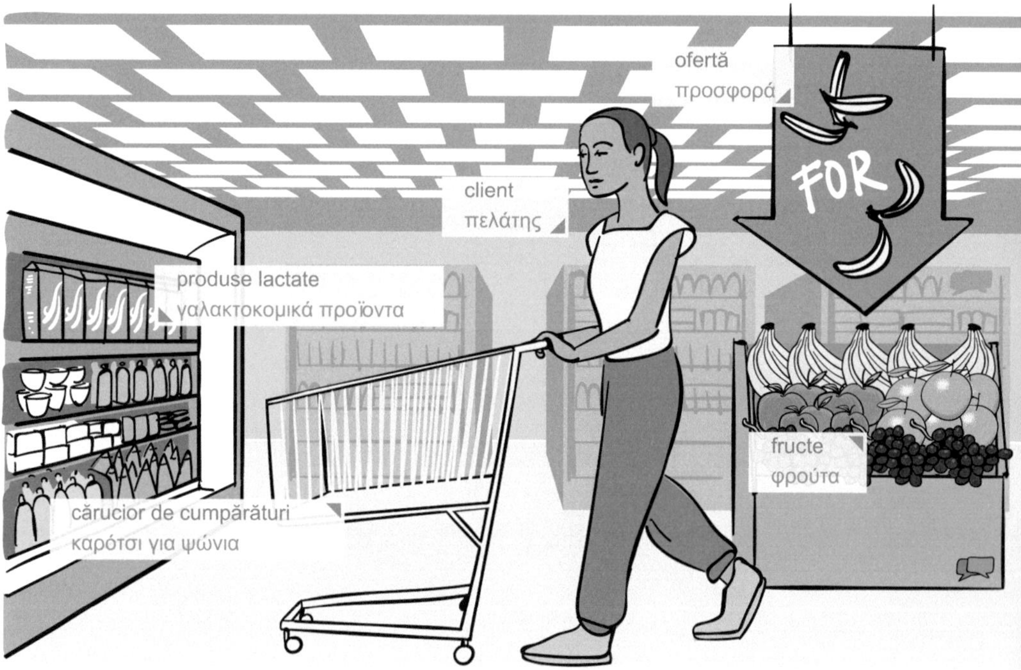

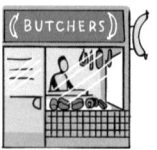

BUTCHERS
măcelărie
κρεοπωλείο

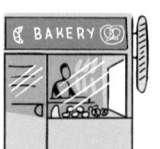

BAKERY
brutărie
φούρνος

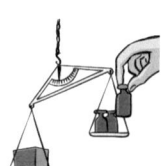

a cântări
ζυγίζω

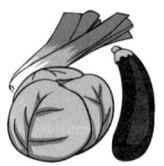

legume
λαχανικά

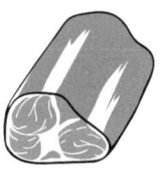

carne
κρέας

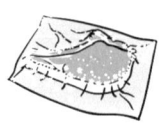

alimente refrigerate
κατεψυγμένα τρόφιμα

mezeluri și brânzeturi feliate

αλλαντικά

conserve

κονσερβοποιημένη τροφή

detergent

απορρυπαντικό ρούχων

dulciuri

γλυκά

articole de menaj

οικιακά είδη

produse de curățenie

καθαριστικά προϊόντα

vânzătoare

πωλήτρια

casă

ταμείο

casier

ταμίας

listă de cumpărături

λίστα για ψώνια

orar

ωράριο λειτουργίας

portmoneu

πορτοφόλι

carte de credit

πιστωτική κάρτα

geantă

τσάντα

pungă de plastic

πλαστική σακούλα

apă

νερό

suc

χυμός

lapte

γάλα

cola

κόκα κόλα

vin

κρασί

bere

μπίρα

alcool

αλκοόλ

cacao

κακάο

ceai

τσάι

cafea

καφές

espresso

εσπρέσο

cappucino

καπουτσίνο

banane

μπανάνα

măr

μήλο

portocală

πορτοκάλι

pepene

πεπόνι

lămâie

λεμόνι

morcov

καρότο

usturoi

σκόρδο

bambus

μπαμπού

ceapă

κρεμμύδι

ciupercă

μανιτάρι

nuci

ξηροί καρποί

paste făinoase

νουντλς

spagheti

μακαρόνια

orez

ρύζι

salată

σαλάτα

cartofi präjiți

πατατάκια

cartofi țărănești

τηγανητές πατάτες

pizza

πίτσα

hamburger

χάμπουργκερ

sandwich

σάντουιτς

șnițel

κοτολέτα

șuncă

ζαμπόν

salam

σαλάμι

cârnați

λουκάνικο

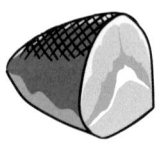

pui

κοτόπουλο

friptură

ψητό

pește

ψάρι

fulgi de ovăz

χυλός βρώμης

musli

μούσλι

cereale

κορν φλέικς

făină

αλεύρι

corn

κρουασάν

chifle

ψωμάκι

pâine

ψωμί

pâine prăjită

τοστ

biscuiți

μπισκότα

unt

βούτυρο

brânză de vaci

τυρόπηγμα

prăjitură

κέικ

ou

αυγό

ouă ochiuri

τηγανητό αυγό

brânză

τυρί

îngheţată

παγωτό

zahăr

ζάχαρη

miere

μέλι

marmeladă

μαρμελάδα

cremă nuga

άλλειμμα σοκολάτας

curry

κάρυ

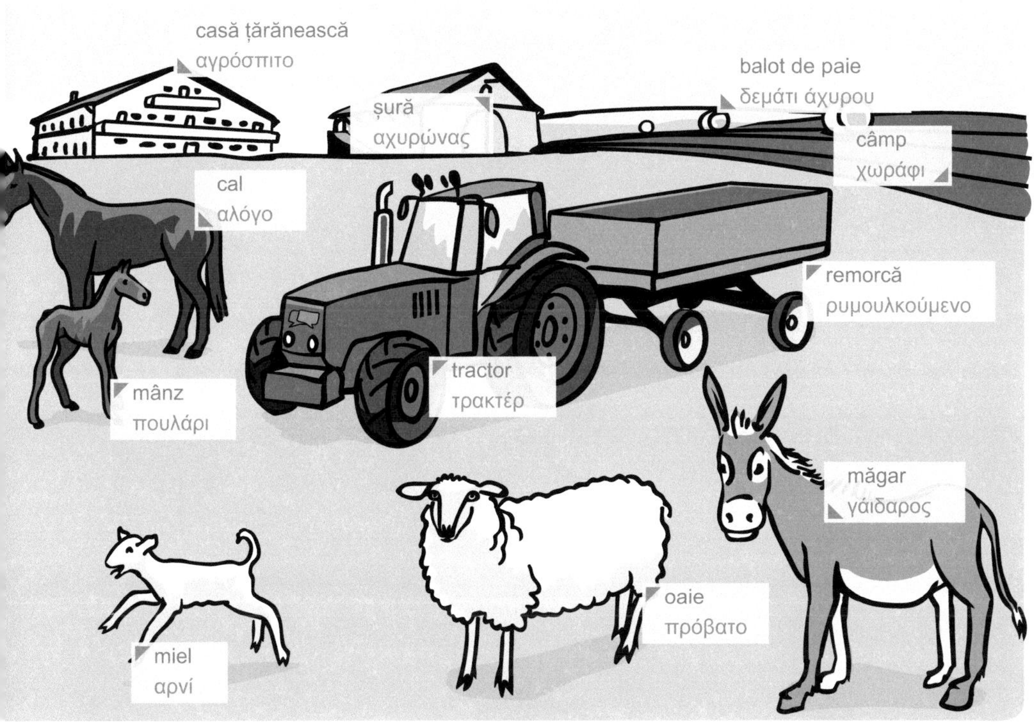

casă țărănească
αγρόσπιτο

balot de paie
δεμάτι άχυρου

șură
αχυρώνας

câmp
χωράφι

cal
άλογο

remorcă
ρυμουλκούμενο

mânz
πουλάρι

tractor
τρακτέρ

măgar
γάιδαρος

oaie
πρόβατο

miel
αρνί

| | | |
|---|---|---|
|  |  |  |
| capră | vacă | vițel |
| κατσίκα | αγελάδα | μοσχαράκι |
|  |  |  |
| porc | purcel | taur |
| γουρούνι | γουρουνάκι | ταύρος |

găină

χήνα

rață

πάπια

pui

κοτοπουλάκι

găină

κότα

cocoș

κόκορας

șobolan

αρουραίος

pisică

γάτα

șoarece

ποντίκι

bou

βόδι

câine

σκύλος

cușcă

σπιτάκι σκύλου

furtun de grădină

λάστιχο κήπου

stropitoare

ποτιστήρι

coasă

θεριστήρι

plug

αλέτρι

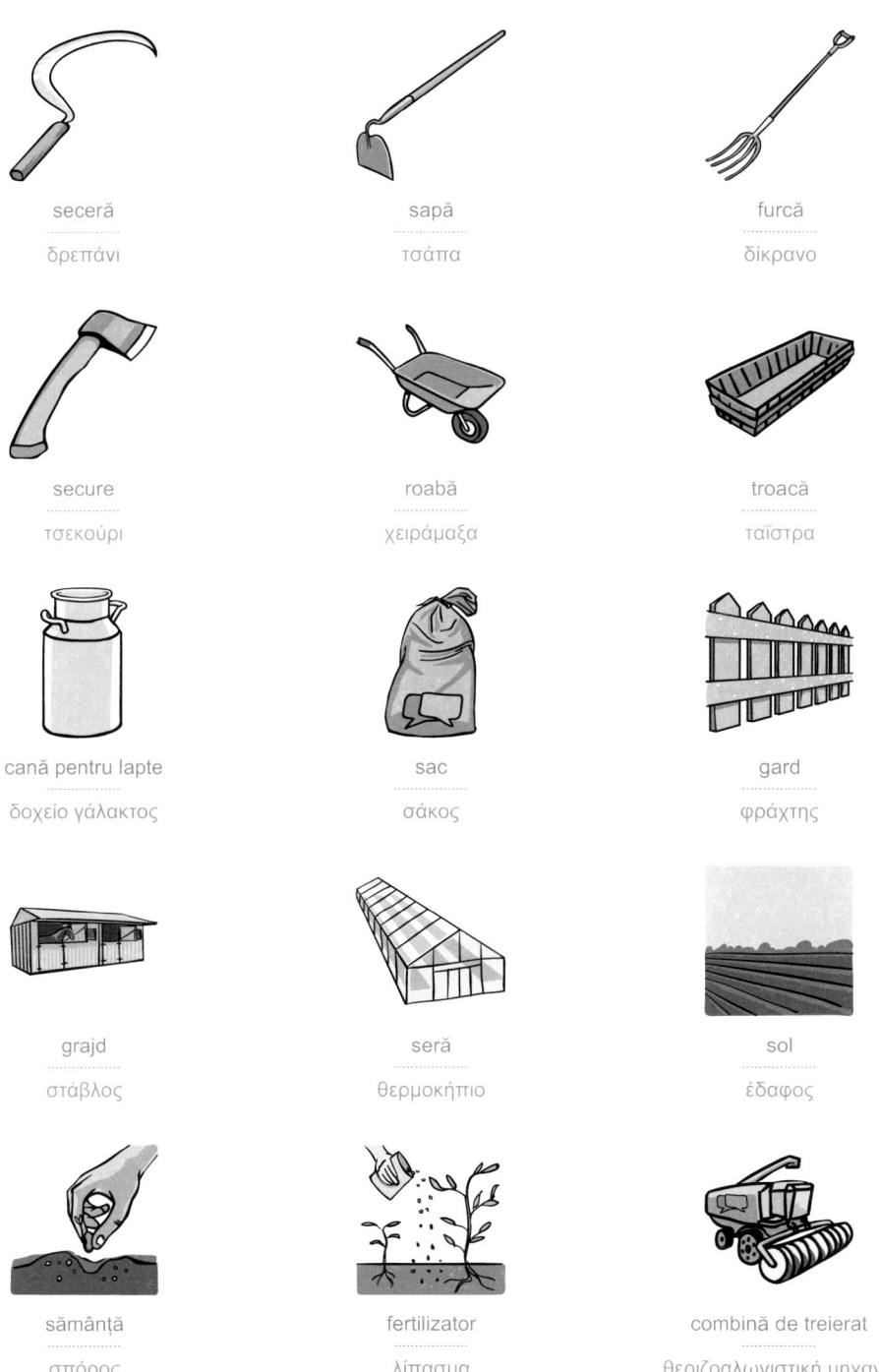

seceră
δρεπάνι

sapă
τσάπα

furcă
δίκρανο

secure
τσεκούρι

roabă
χειράμαξα

troacă
ταΐστρα

cană pentru lapte
δοχείο γάλακτος

sac
σάκος

gard
φράχτης

grajd
στάβλος

seră
θερμοκήπιο

sol
έδαφος

sămânță
σπόρος

fertilizator
λίπασμα

combină de treierat
θεριζοαλωνιστική μηχανή

a culege

θερίζω

recoltă

συγκομιδή

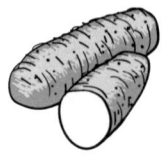

cartof yam

γιαμς

grâu

σιτάρι

soia

σόγια

cartof

πατάτα

porumb

καλαμπόκι

rapiță

κράμβη

pom fructifer

οπωροφόρο δέντρο

manioc

μανιόκα

cereale

δημητριακά

horn
καμινάδα

acoperiş
στέγη

scoc
υδρορροή

geam
παράθυρο

garaj
γκαράζ

sonerie
κουδούνι

uşă
πόρτα

coş de gunoi
σκουπιδοτενεκές

cutie poştală
γραμματοκιβώτιο

grădină
κήπος

camptă de zi

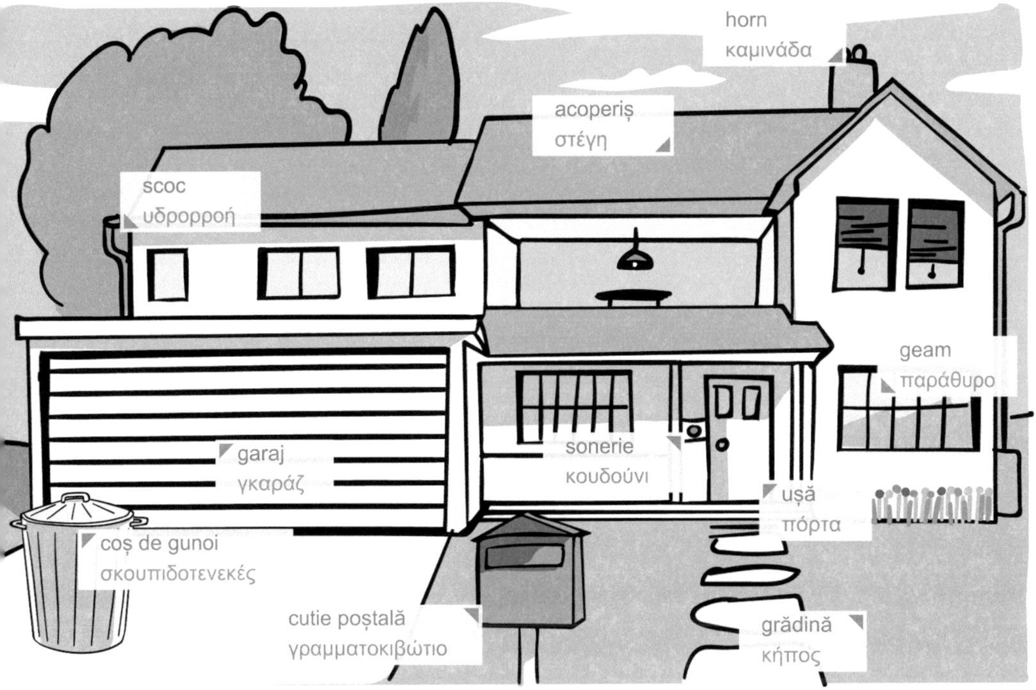

cameră de zi

σαλόνι

baie

μπάνιο

bucătărie

κουζίνα

dormitor

υπνοδωμάτιο

camera copiilor

παιδικό δωμάτιο

sufragerie

τραπεζαρία

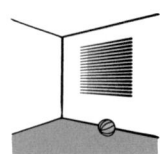

podea

πάτωμα

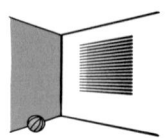

perete

τοίχος

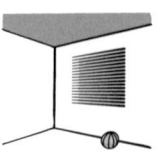

tavan

οροφή

pivniță

κελάρι

saună

σάουνα

balcon

μπαλκόνι

terasă

βεράντα

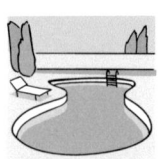

piscină

πισίνα

mașină de tuns iarba

μηχανή του γκαζόν

cearșaf

σεντόνι

cuvertură

κάλυμμα κρεβατιού

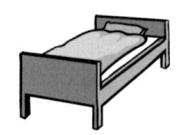

pat

κρεβάτι

mătură

σκούπα

găleată

κουβάς

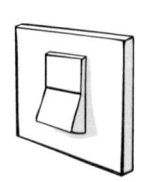

întrerupător

διακόπτης

# cameră de zi
# σαλόνι

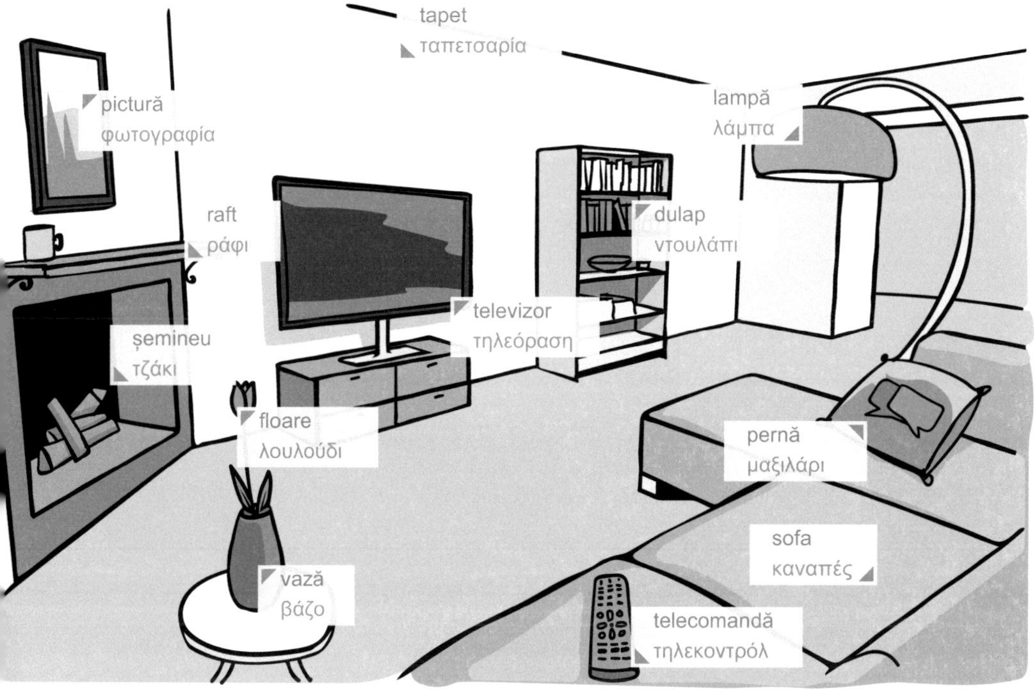

tapet
ταπετσαρία
pictură
φωτογραφία
lampă
λάμπα
raft
ράφι
dulap
ντουλάπι
televizor
τηλεόραση
șemineu
τζάκι
floare
λουλούδι
pernă
μαξιλάρι
sofa
καναπές
vază
βάζο
telecomandă
τηλεκοντρόλ


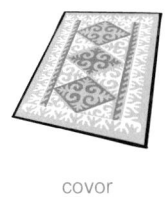

covor

χαλί

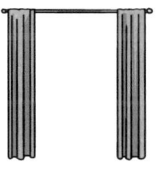

perdea

κουρτίνα

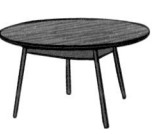

masă

τραπέζι

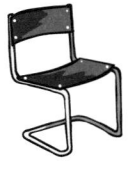

scaun

καρέκλα

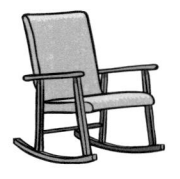

balansoar

κουνιστή πολυθρόνα

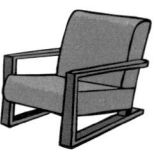

fotoliu

πολυθρόνα

carte

βιβλίο

pătură

κουβέρτα

decoraţiune

διακόσμηση

lemn de foc

καυσόξυλα

film

ταινία

instalaţie stereo

στερεοφωνικό σύστημα

cheie

κλειδί

ziar

εφημερίδα

desen

πίνακας ζωγραφικής

poster

αφίσα

radio

ραδιόφωνο

caiet de notiţe

σημειωματάριο

aspirator

ηλεκτρική σκούπα

cactus

κάκτος

lumânare

κερί

# bucătărie
# κουζίνα

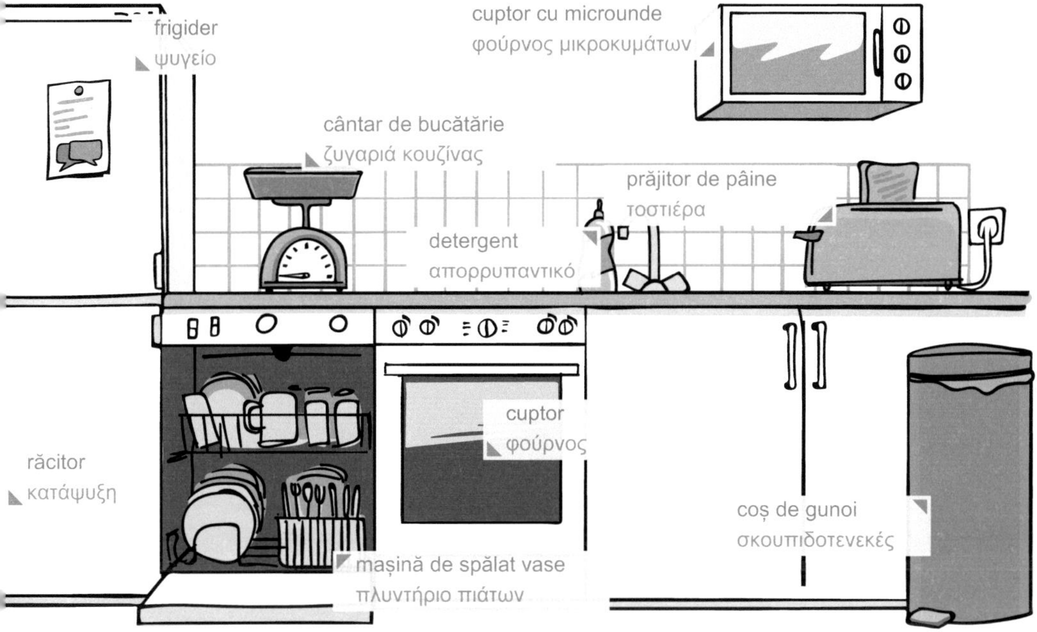
frigider
ψυγείο
cuptor cu microunde
φούρνος μικροκυμάτων
cântar de bucătărie
ζυγαριά κουζίνας
prăjitor de pâine
τοστιέρα
detergent
απορρυπαντικό
cuptor
φούρνος
răcitor
κατάψυξη
coș de gunoi
σκουπιδοτενεκές
mașină de spălat vase
πλυντήριο πιάτων

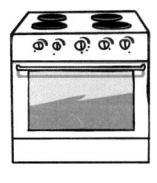

cuptor

κουζίνα

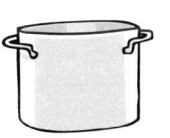

oală

κατσαρόλα

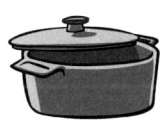

oală de metal

μαντεμένια κατσαρόλα

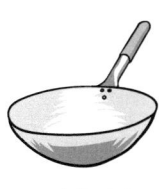

wok/kadai

γουόκ/καντάι

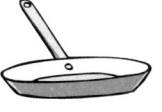

tigaie

τηγάνι

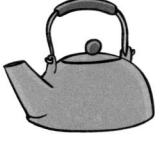

ceainic

βραστήρας

oală de gătit cu aburi

ατμομάγειρας

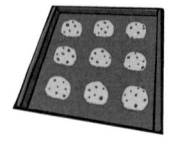

tavă de copt

ταψί

veselă

πιατικά

pahar

κούπα

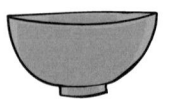

bol

μπολ

bețișoare

ξυλάκια

polonic

κουτάλα

spatulă

σπάτουλα

tel

ανακατεύω

sită

σουρωτήρι

sită

σουρωτηράκι

răzătoare

τρίφτης

mojar

γουδί

grătar

ψησταριά

loc pentru grătar

ανοιχτή φωτιά

tocător
σανίδα κοπής

sucitor
πλάστης

tirbușon
ανοιχτήρι φελλών

conservă
κονσέρβα

deschizător de conserve
ανοιχτήρι κονσέρβας

șervete termice
γάντι φούρνου

chiuvetă
νεροχύτης

perie
βούρτσα

burete
σφουγγάρι

mixer
μπλέντερ

ladă frigorifică
καταψύκτης

biberon
μπιμπερό

robinet
βρύση

bucătărie - κουζίνα

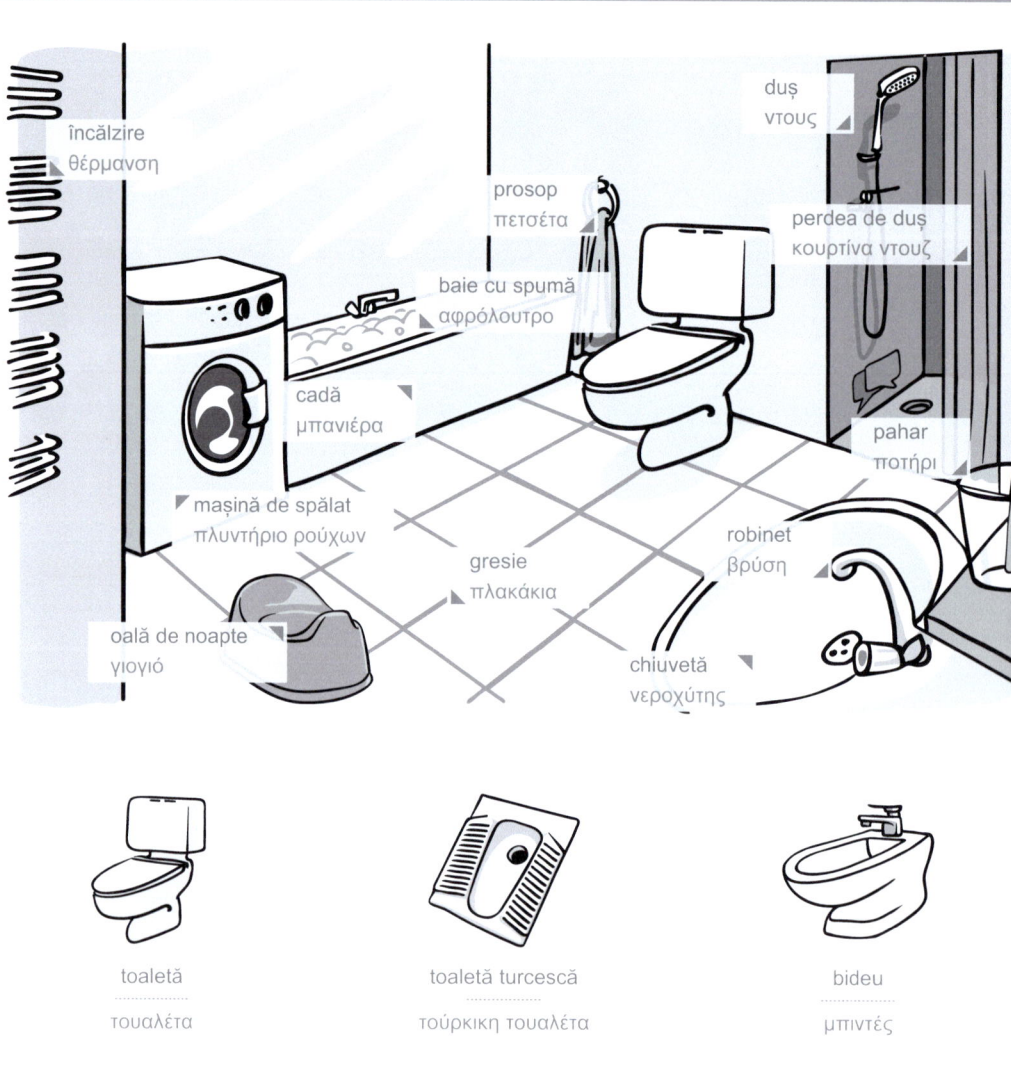

încălzire
θέρμανση

duş
ντους

prosop
πετσέτα

perdea de duş
κουρτίνα ντουζ

baie cu spumă
αφρόλουτρο

cadă
μπανιέρα

pahar
ποτήρι

mașină de spălat
πλυντήριο ρούχων

gresie
πλακάκια

robinet
βρύση

oală de noapte
γιογιό

chiuvetă
νεροχύτης

|  |  |  |
|---|---|---|
| toaletă | toaletă turcescă | bideu |
| τουαλέτα | τούρκικη τουαλέτα | μπιντές |
| pisoir | hârtie igienică | perie de toaletă |
| ουρητήριο | χαρτί υγείας | πιγκάλ |

periuță de dinți

οδοντόβουρτσα

pastă de dinți

οδοντόκρεμα

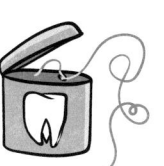

ață dentară

οδοντικό νήμα

a spăla

πλένω

cap de duș

τηλέφωνο ντους

duș intim

ντουσιέρα

lavoar

λεκάνη

perie pentru spate

βούρτσα πλάτης

săpun

σαπούνι

gel de duș

αφρόλουτρο

șampon

σαμπουάν

cârpă de spălat

φανέλα

scurgere

σιφόνι

cremă

κρέμα

deodorant

αποσμητικό

oglindă
καθρέφτης

oglindă cosmetică
καθρέφτης χειρός

aparat de ras
ξυραφάκι

spumă de ras
αφρός ξυρίσματος

aftershave
αφτερσέιβ

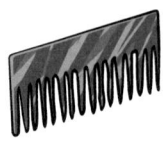

pieptene
χτένα

perie
βούρτσα

uscător de păr
σεσουάρ

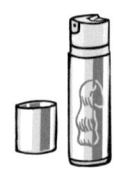

fixator
λακ

machiaj
μακιγιάζ

ruj
κραγιόν

lac de unghii
βερνίκι νυχιών

vată
βαμβάκι

foarfece de unghii
ψαλίδι νυχιών

parfum
άρωμα

neseser

νεσεσέρ

taburet

σκαμπό

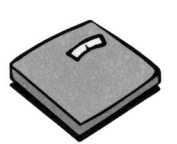

cântar

ζυγαριά

halat de baie

μπουρνούζι

mănuși de cauciuc

ελαστικά γάντια

tampon

ταμπόν

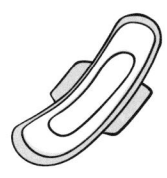

tampon

πετσέτα υγιεινής

toaletă chimică

χημική τουαλέτα

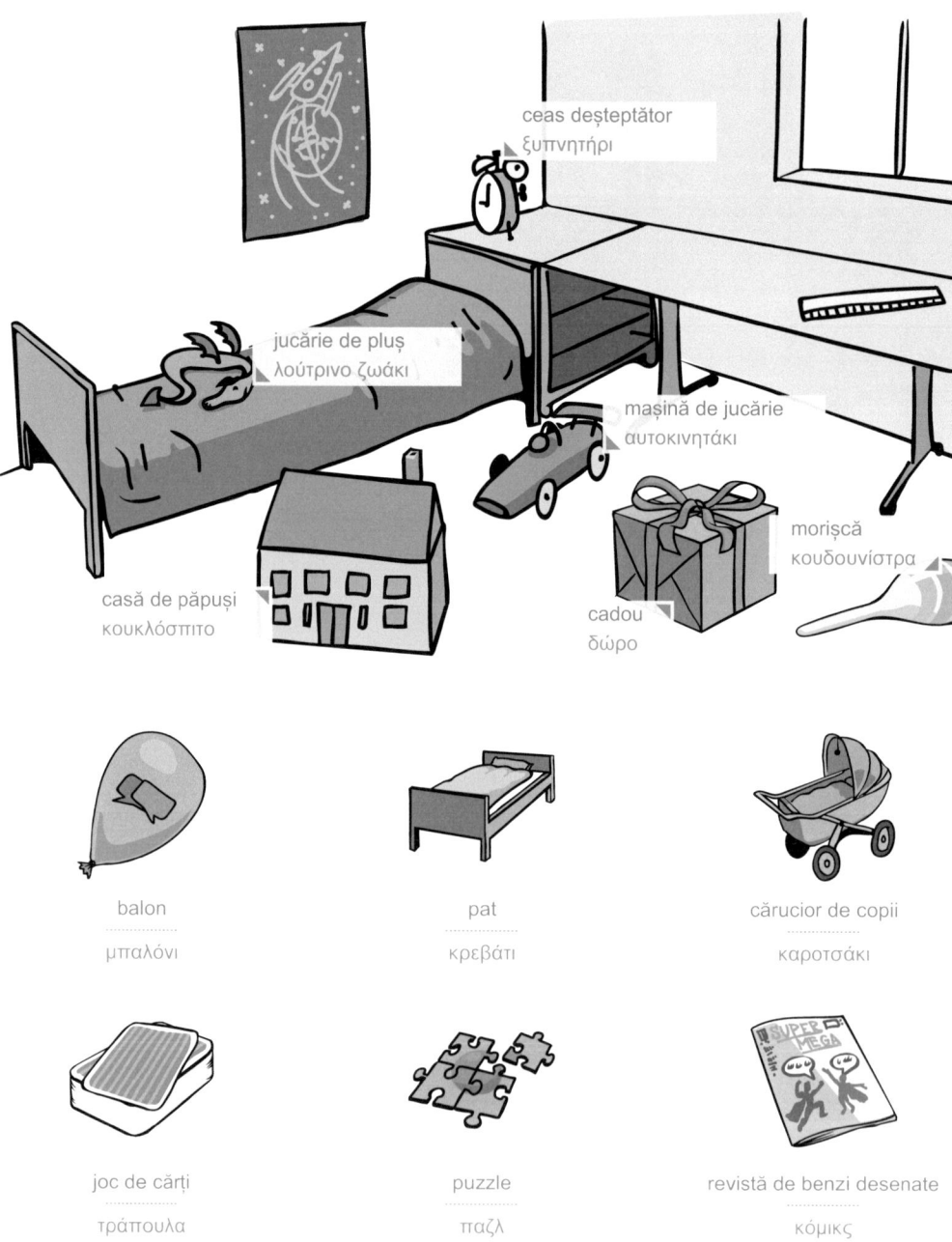

ceas deșteptător
ξυπνητήρι

jucărie de pluș
λούτρινο ζωάκι

mașină de jucărie
αυτοκινητάκι

morișcă
κουδουνίστρα

casă de păpuși
κουκλόσπιτο

cadou
δώρο

balon

μπαλόνι

pat

κρεβάτι

cărucior de copii

καροτσάκι

joc de cărți

τράπουλα

puzzle

παζλ

revistă de benzi desenate

κόμικς

cuburi lego

τουβλάκια lego

piese pentru construcţii

τουβλάκια κατασκευών

personaj din filmele de acţiune

φιγούρα δράσης

body

βρεφικό φορμάκι

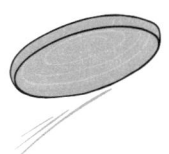

frisbee

φρίσμπι

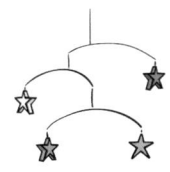

mobil

μόμπιλο

joc de societate

επιτραπέζιο παιχνίδι

zar

ζάρια

set trenuleţ de jucărie

σετ τρενάκι

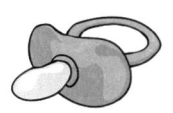

suzetă

πιπίλα

petrecere

πάρτι

carte cu poze

εικονογραφημένο βιβλίο

minge

μπάλα

păpuşă

κούκλα

a se juca

παίζω

groapă de nisip

σκάμμα με άμμο

leagăn

κούνια

jucării

παιχνίδια

consolă video

κονσόλα βιντεοπαιχνιδιών

tricicletă

τρίκυκλο

ursuleț

αρκουδάκι

dulap

ντουλάπα

## îmbrăcăminte

## ρούχα

șosete

κάλτσες

ciorapi

καλτσοδέτες

dres

καλσόν

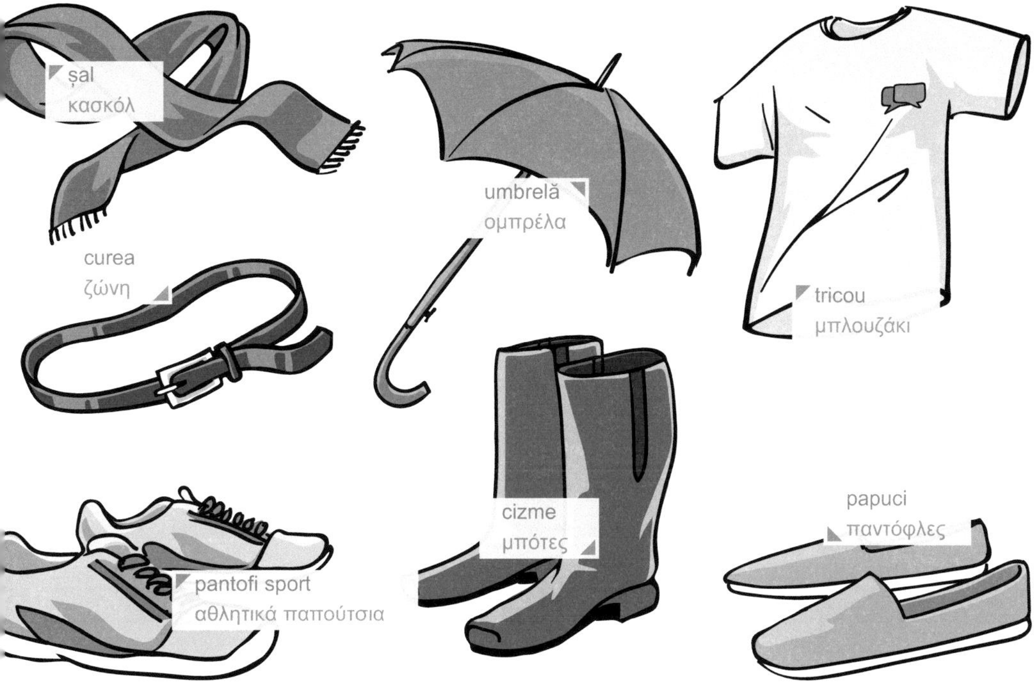

şal
κασκόλ

umbrelă
ομπρέλα

curea
ζώνη

tricou
μπλουζάκι

cizme
μπότες

papuci
παντόφλες

pantofi sport
αθλητικά παπούτσια

sandale
σανδάλια

încălțăminte
παπούτσια

cizme de cauciuc
γαλότσες

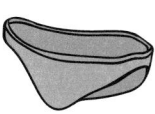

chilot
εσώρουχο

sutien
σουτιέν

maiou
φανέλα

body

σώμα

pantaloni

παντελόνι

blugi

τζιν παντελόνι

fustă

φούστα

bluză

μπλούζα

cămașă

πουκάμισο

pulover

πουλόβερ

jerseu

πουλόβερ

sacou

σακάκι

jachetă

μπουφάν

palton

παλτό

pelerină de ploaie

αδιάβροχο πανωφόρι

costum

κοστούμι

rochie

φόρεμα

rochie de mireasă

νυφικό

costum

κοστούμι

cămașă de noapte

νυχτικό

pijama

πιτζάμες

sari

σάρι

batic

μαντήλι

turban

τουρμπάνι

burka

μπούρκα

caftan

καφτάνι

abaya

μουσουλμανικό ένδυμα

costum de baie

ολόσωμο μαγιό

șort

ανδρικό μαγιό

pantaloni scurți

σορτς

trening

αθλητική φόρμα

șorț

ποδιά

mănuși

γάντια

nasture

κουμπί

ochelari

γυαλιά

brățară

βραχιόλι

lanț

περιδέραιο

inel

δαχτυλίδι

cercel

σκουλαρίκι

căciulă

καπέλο

umeraș

κρεμάστρα

pălărie

καπέλο

cravată

γραβάτα

fermoar

φερμουάρ

cască

κράνος

bretele

τιράντες

uniformă școlară

μαθητική στολή

uniformă

στολή

bavețică

σαλιάρα

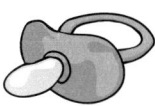

suzetă

πιπίλα

scutec

πάνα

## birou
## γραφείο

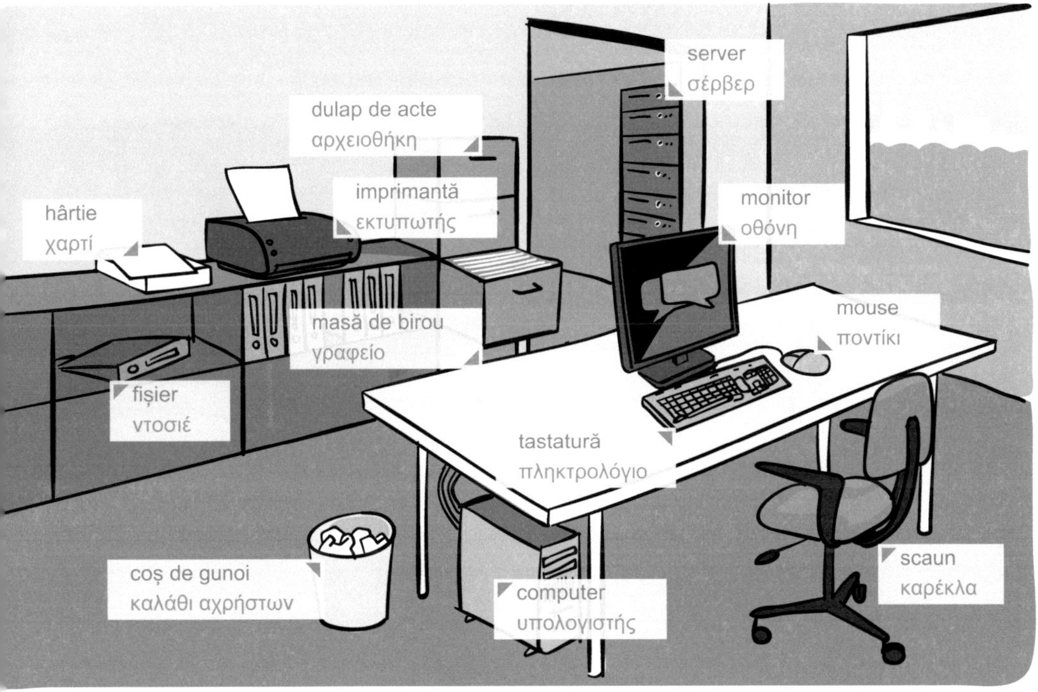

server
σέρβερ

dulap de acte
αρχειοθήκη

imprimantă
εκτυπωτής

monitor
οθόνη

hârtie
χαρτί

masă de birou
γραφείο

mouse
ποντίκι

fişier
ντοσιέ

tastatură
πληκτρολόγιο

coş de gunoi
καλάθι αχρήστων

scaun
καρέκλα

computer
υπολογιστής

ceaşcă de cafea

κούπα του καφέ

calculator

κομπιουτεράκι

internet

ίντερνετ

laptop
λάπτοπ

scrisoare
γράμμα

mesaj
μήνυμα

telefon mobil
κινητό

reţea
δίκτυο

copiator
φωτοτυπικό μηχάνημα

software
λογισμικό

telefon
τηλέφωνο

priză
πρίζα

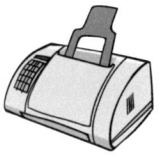

fax
συσκευή φαξ

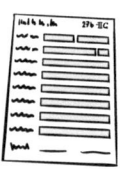

formular
έντυπο

document
έγγραφο

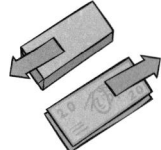

a cumpăra

αγοράζω

a plăti

πληρώνω

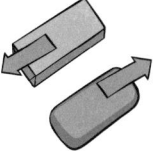

a face comerț

συναλλάσσομαι

bani

χρήματα

Dolar

δολάριο

Euro

ευρώ

Yen

γιεν

Rublă

ρούβλι

Franc Elvețian

ελβετικό φράγκο

renminbi yuan

ρενμίνμπι γιουάν

Rupie

ρουπία

bancomat

ATM (αυτόματη ταμειακή μηχανή)

casă de schimb valutar

ανταλλακτήρια
συναλλάγματος

aur

χρυσός

argint

ασήμι

petrol

πετρέλαιο

energie

ενέργεια

pret

τιμή

contract

συμβόλαιο

impozit

φόρος

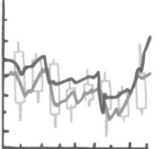

actiune

μετοχή

a munci

δουλεύω

angajat

υπάλληλος

angajator

εργοδότης

fabrică

εργοστάσιο

magazin

κατάστημα

polițist
αστυνόμος

pompier
πυροσβέστης

bucătar
μάγειρας

medic
γιατρός

pilot
πιλότος

grădinar

κηπουρός

tâmplar

ξυλουργός

cusătoreasă

μοδίστρα

judecător

δικαστής

chimist

χημικός

actor

ηθοποιός

şofer de autobuz

οδηγός λεωφορείου

şofer de taxi

ταξιτζής

pescar

ψαράς

femeie de serviciu

καθαρίστρια

tinichigiu

τεχνίτης στεγών

chelnăr

σερβιτόρος

vânător

κυνηγός

pictor

ζωγράφος

brutar

αρτοποιός

electrician

ηλεκτρολόγος

muncitor în construcţii

οικοδόμος

inginer

μηχανολόγος

măcelar

κρεοπώλης

instalator

υδραυλικός

poştaş

ταχυδρόμος

soldat

στρατιώτης

arhitect

αρχιτέκτονας

casier

ταμίας

florar

ανθοπώλης

frizer

κομμωτής

controlor

ελεγκτής εισιτηρίων

mecanic

μηχανικός

căpitan

καπετάνιος

stomatolog

οδοντίατρος

om de ştiinţă

επιστήμονας

rabin

ραβίνος

imam

ιμάμης

călugăr

μοναχός

preot

ιερέας

# instrumente
# εργαλεία

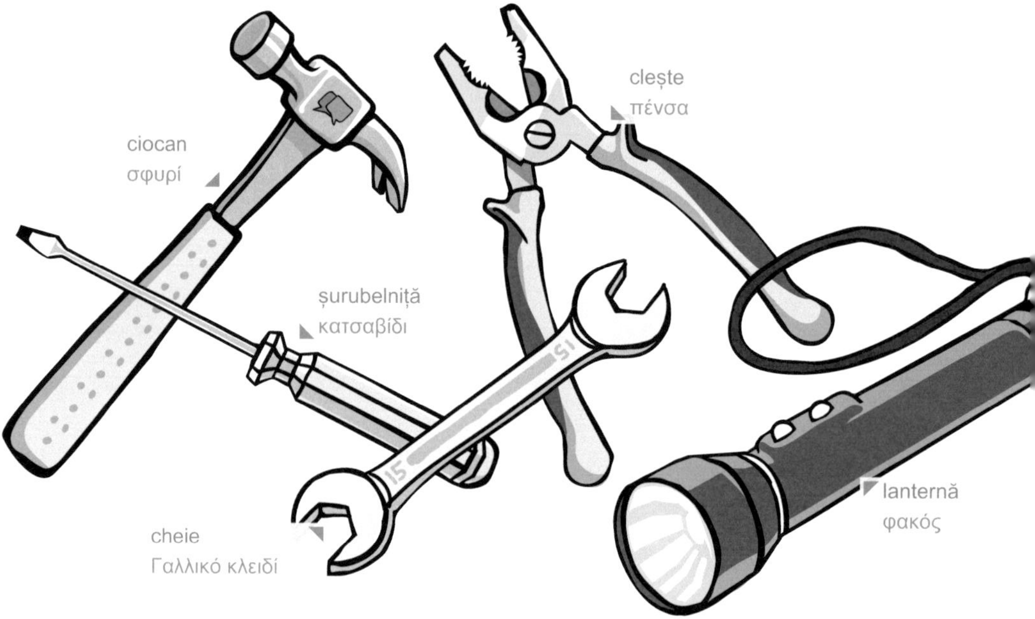
ciocan
σφυρί
clește
πένσα
șurubelniță
κατσαβίδι
cheie
Γαλλικό κλειδί
lanternă
φακός

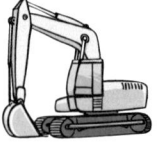

excavator

εκσκαφέας

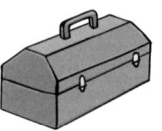

cutie de scule

εργαλειοθήκη

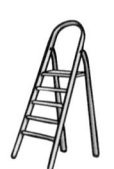

scară

σκάλα

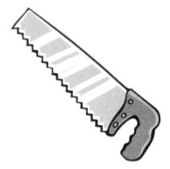

ferăstrău

πριόνι

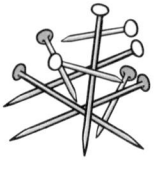

cuie

καρφιά

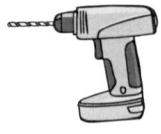

burghiu

τρυπάνι

a repara

επισκευάζω

lopată

φτυάρι

La naiba!

Να πάρει!

făraş

φαράσι

vas pentru vopsea

δοχείο χρωμάτων

şuruburi

βίδες

## instrumente muzicale
## μουσικά όργανα

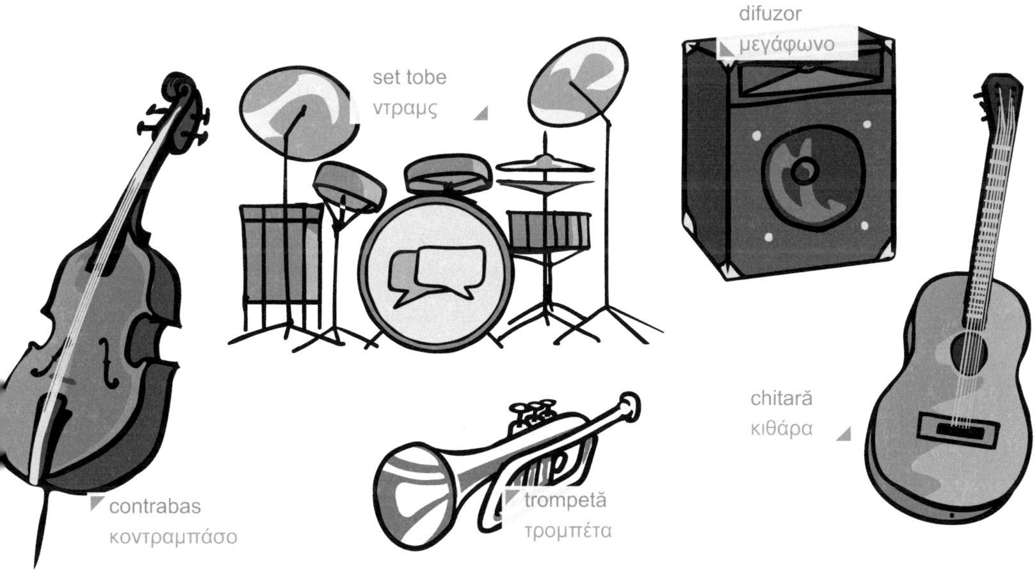

set tobe

ντραμς

difuzor

μεγάφωνο

chitară

κιθάρα

contrabas

κοντραμπάσο

trompetă

τρομπέτα

pian

πιάνο

vioară

βιολί

bas

μπάσο

trombon

τύμπανα

tobă

τύμπανο

keyboard

πλήκτρα

saxofon

σαξόφωνο

fluier

φλάουτο

microfon

μικρόφωνο

# grădină zoologică
# ζωολογικός κήπος

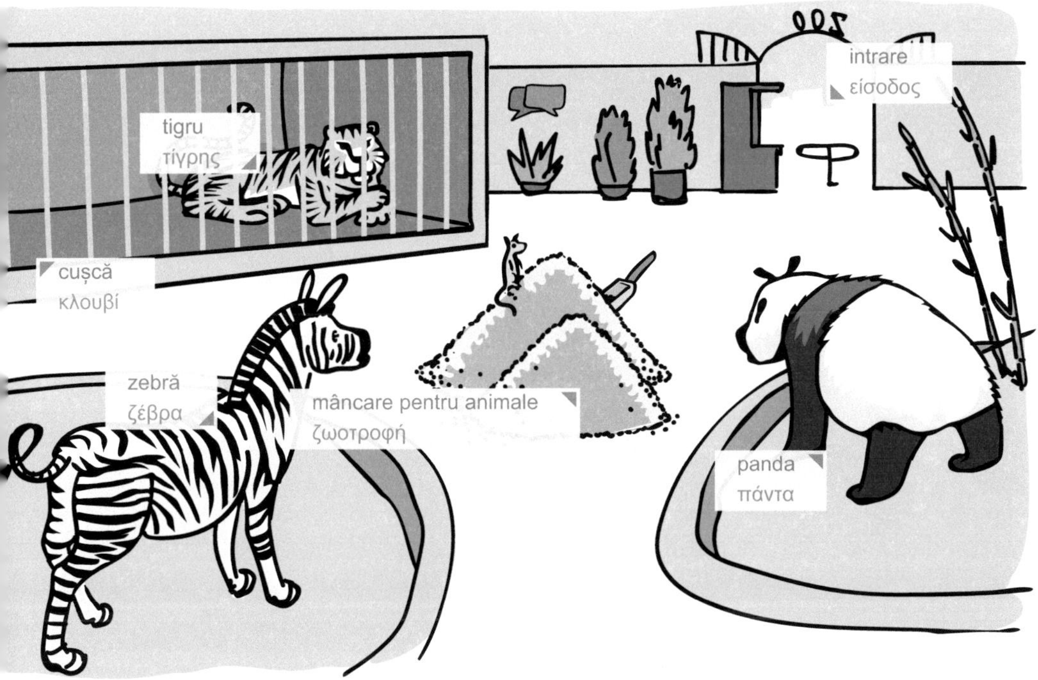

intrare
είσοδος
tigru
τίγρης
cușcă
κλουβί
zebră
ζέβρα
mâncare pentru animale
ζωοτροφή
panda
πάντα


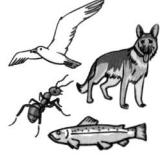

animale

ζώα

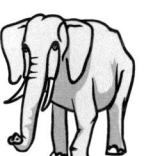

elefant

ελέφαντας

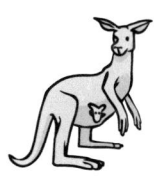

cangur

καγκουρό

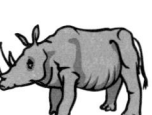

rinocer

ρινόκερος

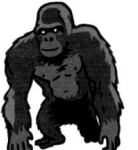

gorilă

γορίλας

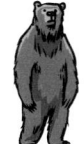

urs

αρκούδα

cămilă

καμήλα

struț

στρουθοκάμηλος

leu

λιοντάρι

maimuță

πίθηκος

flamingo

φλαμίνγκο

papagal

παπαγάλος

urs polar

πολική αρκούδα

pinguin

πιγκουίνος

rechin

καρχαρίας

păun

παγώνι

șarpe

φίδι

crocodil

κροκόδειλος

îngrijitor grădina zoologică

φύλακας ζωολογικού κήπου

focă

φώκια

jaguar

τζάγκουαρ

ponei

πόνυ

leopard

λεοπάρδαλη

hipopotam

ιπποπόταμος

girafă

καμηλοπάρδαλη

acvilă

αετός

porc mistreț

αγριογούρουνο

pește

ψάρι

broască țestoasă

χελώνα

morsă

θαλάσσιος ίππος

vulpe

αλεπού

gazelă

γαζέλα

fotbal american
Αμερικάνικο ποδόσφαιρο

ciclism
ποδηλασία

tenis
αντισφαίριση

basketball
μπάσκετ

înot
κολύμβηση

box
πυγχαμία

hockey pe gheață
χόκεϋ επί πάγου

fotbal

ποδόσφαιρο

badminton

μπάντμιντον

atletism

στίβος

handbal

χάντμπολ

schi

σκι

polo

πόλο

# activități
## δραστηριότητες

a râde
γελάω
a sări
πηδάω
a îmbrățișa
αγκαλιάζω
a merge
περπατάω
a cânta
τραγουδάω
a visa
ονειρεύομαι
a se ruga
προσεύχομαι
a săruta
φιλάω

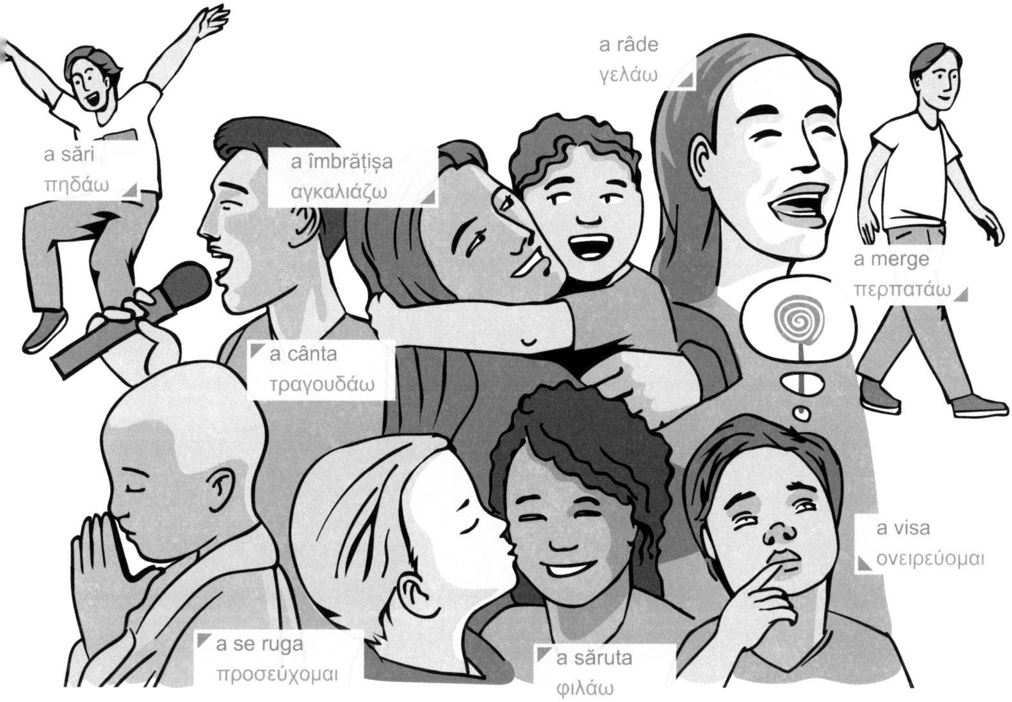

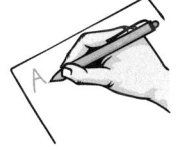

a scrie
γράφω

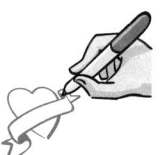

a desena
σχεδιάζω

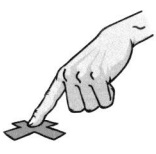

a arăta
δείχνω

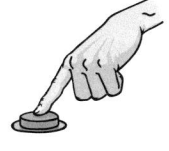

a împinge
πιέζω

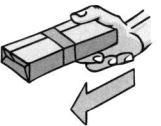

a da
δίνω

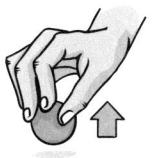

a lua
παίρνω

a avea

έχω

a face

κάνω

a fi

είμαι

a sta în picioare

στέκομαι

a fugi

τρέχω

a trage

τραβάω

a arunca

ρίχνω

a cădea

πέφτω

a sta întins

ξαπλώνω

a aştepta

περιμένω

a purta

κουβαλώ

a şedea

κάθομαι

a se îmbrăca

φοράω

a dormi

κοιμάμαι

a se trezi

ξυπνάω

a privi

κοιτάω

a plânge

κλαίω

a mângâia

χαϊδεύω

a se pieptăna

χτενίζω

a vorbi

μιλάω

a înţelege

καταλαβαίνω

a întreba

ρωτάω

a asculta

ακούω

a bea

πίνω

a mânca

τρώω

a face ordine

συγυρίζω

a iubi

αγαπάω

a găti

μαγειρεύω

a conduce

οδηγώ

a zbura

πετάω

activităţi - δραστηριότητες

a naviga

κάνω ιστιοπλοΐα

a calcula

υπολογίζω

a citi

διαβάζω

a învăța

μαθαίνω

a munci

δουλεύω

a se căsători

παντρεύομαι

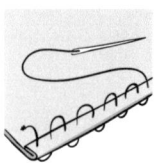

a coase

ράβω

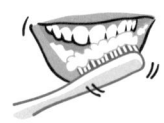

a se spăla pe dinți

βουρτσίζω τα δόντια

a ucide

σκοτώνω

a fuma

καπνίζω

a trimite

στέλνω

# familie
## οικογένεια

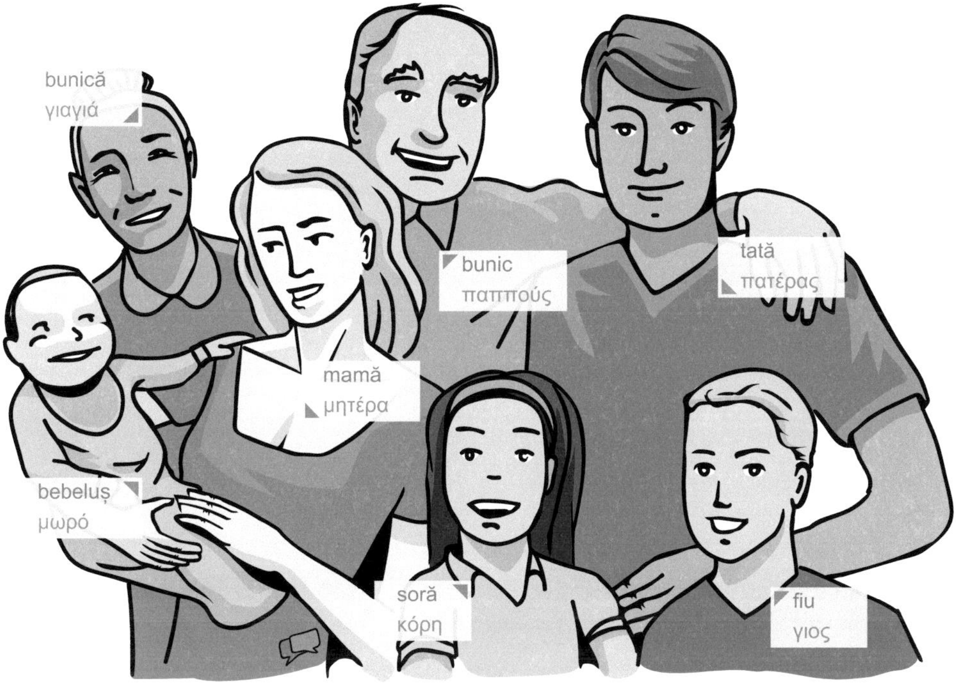
bunică
γιαγιά
bunic
παππούς
tată
πατέρας
mamă
μητέρα
bebeluș
μωρό
soră
κόρη
fiu
γιος

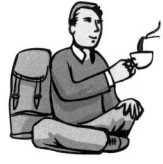

oaspete
καλεσμένος

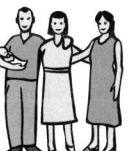

mătușă
θεία

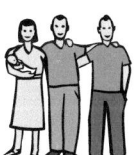

unchi
θείος

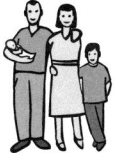

frate
αδελφός

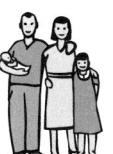

soră
αδελφή

# corp
# σώμα

frunte
μέτωπο
ochi
μάτι
umăr
ώμος
deget
δάχτυλο
față
πρόσωπο
bărbie
πιγούνι
mână
χέρι
picior
πόδι
piept
στήθος
braț
βραχίονας


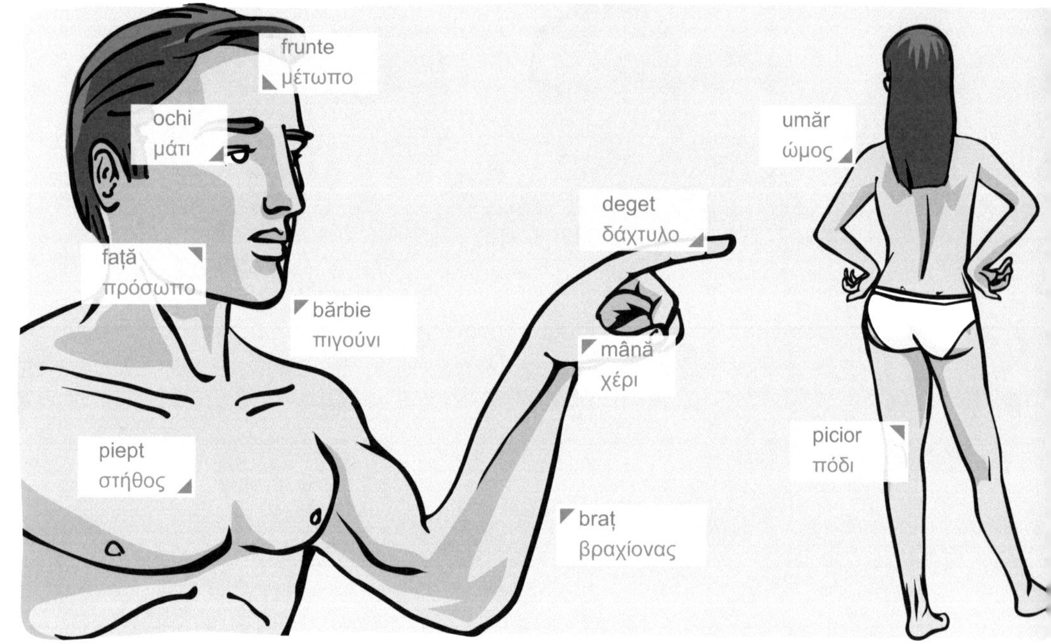

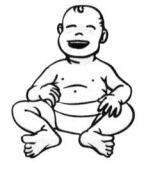

bebeluș

μωρό

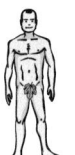

bărbat

άνδρας

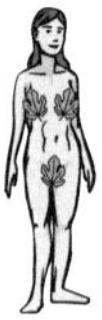

femeie

γυναίκα

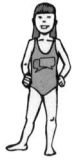

fată

κορίτσι

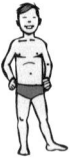

băiat

αγόρι

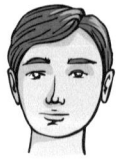

cap

κεφάλι

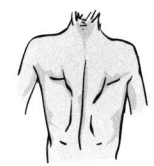

spate

πλάτη

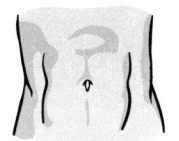

abdomen

κοιλιά

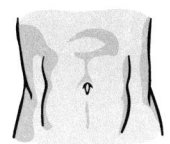

ombilic

αφαλός

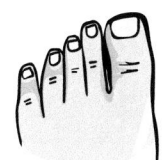

deget de la picior

δάχτυλο ποδιού

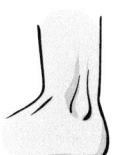

călcâi

φτέρνα

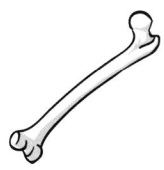

os

κόκκαλο

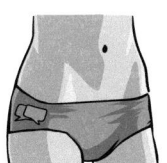

şold

γοφός

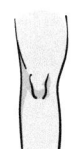

genunchi

γόνατο

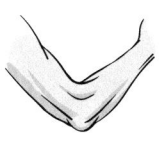

cot

αγκώνας

nas

μύτη

fund

γλουτός

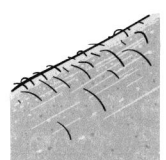

piele

δέρμα

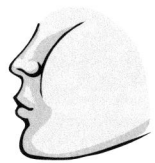

obraz

μάγουλο

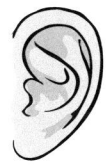

ureche

αυτί

buză

χείλος

gură

στόμα

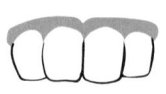

dinte

δόντι

limbă

γλώσσα

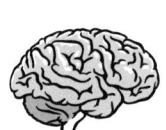

creier

εγκέφαλος

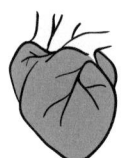

inimă

καρδιά

mușchi

μυς

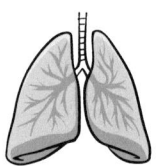

plămân

πνεύμονας

ficat

συκώτι

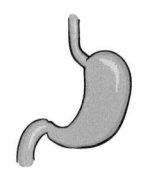

stomac

στομάχι

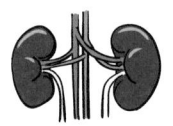

rinichi

νεφρά

sex

σεξουαλική επαφή

prezervativ

προφυλακτικό

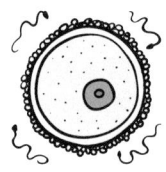

ovul

ωάριο

spermă

σπέρμα

sarcină

εγκυμοσύνη

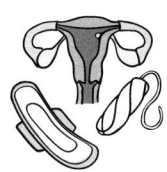

menstruație

περίοδος

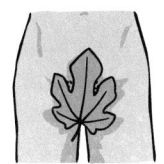

vagin

γυναικείος κόλπος

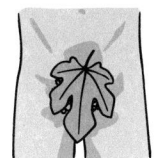

penis

πέος

sprânceană

φρύδι

păr

μαλλιά

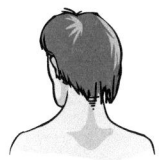

gât

λαιμός

corp - σώμα  71

# spital
# νοσοκομείο

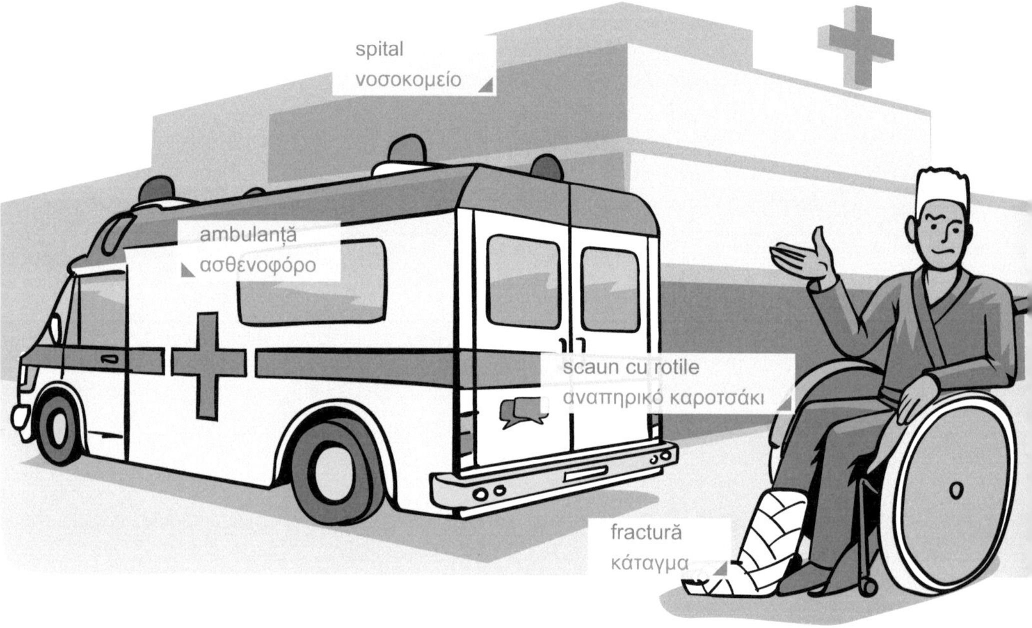

spital
νοσοκομείο
ambulanță
ασθενοφόρο
scaun cu rotile
αναπηρικό καροτσάκι
fractură
κάταγμα


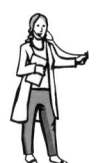

medic

γιατρός

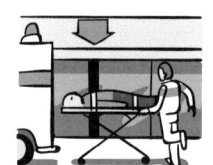

unitate de primiri urgențe

μονάδα εντατικής θεραπείας

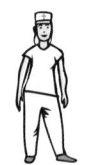

soră medicală

νοσοκόμα

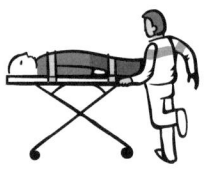

urgență

έκτακτη ανάγκη

inconștient

λιπόθυμος

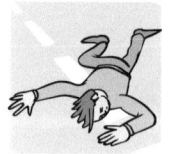

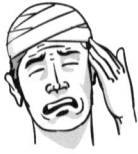

durere

πόνος

leziune

τραύμα

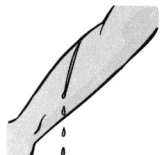

sângerare

αιμορραγία

infarct miocardic

έμφραγμα

atac cerebral

εγκεφαλικό

alergie

αλλεργία

tuse

βήχας

febră

πυρετός

gripă

γρίπη

diaree

διάρροια

durere de cap

πονοκέφαλος

cancer

καρκίνος

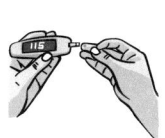

diabet

διαβήτης

chirurg

χειρουργός

scalpel

νυστέρι

operație

εγχείρηση

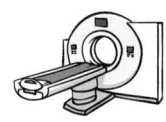

CT

αξονική τομογραφία

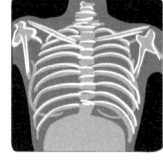

raze Röntgen

ακτινογραφία

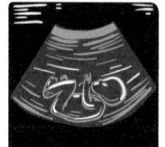

ultrasunet

υπέρηχος

mască

μάσκα

boală

ασθένεια

sală de așteptare

αίθουσα αναμονής

cârjă

πατερίτσα

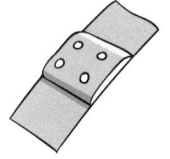

plasture

χάνσαπλαστ

bandaj

επίδεσμος

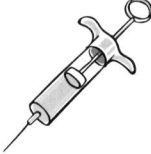

injecție

ένεση

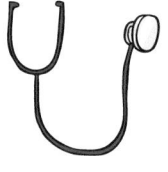

stetoscop

στηθοσκόπιο

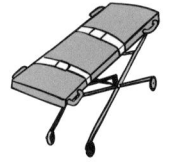

targă

φορείο

termometru

θερμόμετρο

naștere

γέννηση

supraponderabilitate

υπέρβαρο

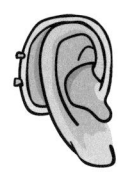

aparat auditiv

ακουστικό βαρηκοΐας

dezinfectant

αντισηπτικό

infecție

λοίμωξη

virus

ιός

HIV/SIDA

HIV/AIDS

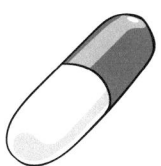

medicină

φάρμακο

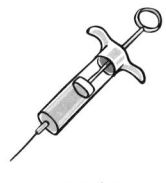

vaccin

εμβολιασμός

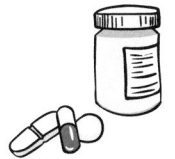

tablete

δισκία

pastilă

χάπι

apel de urgență

κλήση έκτακτης ανάγκης

aparat de măsurare a
presiunii arteriale

πιεσόμετρο αίματος

bolnav/sănătos

άρρωστος / υγιής

Ajutor!

Βοήθεια!

alarmă

συναγερμός

agresiune

βιαιοπραγία

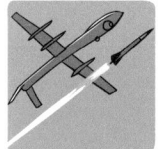

atac

επίθεση

pericol

κίνδυνος

ieșire de urgență

έξοδος κινδύνου

Foc!

Φωτιά!

extinctor

πυροσβεστήρας

accident

ατύχημα

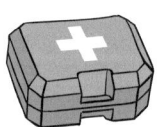

trusă de prim-ajutor

κουτί πρώτων βοηθειών

SOS

SOS

poliție

αστυνομία

Europa

Ευρώπη

America de Nord

Βόρεια Αμερική

America de Sud

Νότια Αμερική

Africa

Αφρική

Asia

Ασία

Australia

Αυστραλία

Altantic

Ατλαντικός Ωκεανός

Pacific

Ειρηνικός Ωκεανός

Oceanul Indian

Ινδικός Ωκεανός

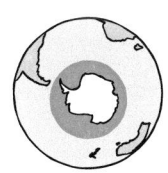

Oceanul Antarctic

Ανταρκτικός Ωκεανός

Oceanul Arctic

Αρκτικός Ωκεανός

Polul Nord

Βόρειος Πόλος

Polul Sud

Νότιος Πόλος

Antarctica

Ανταρκτική

pământ

Γη

țară

γη

mare

θάλασσα

insulă

νησί

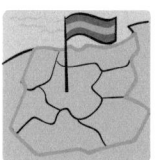

națiune

έθνος

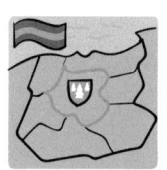

stat

πολιτεία

cadran

καντράν ρολογιού

orar

ωροδείκτης

minutar

λεπτοδείκτης

secundar

δείκτης δευτερολέπτων

Cât e ceasul?

Τι ώρα είναι;

zi

ημέρα

timp

χρόνος

acum

τώρα

cead digital

ψηφιακό ρολόι

minut

λεπτό

oră

ώρα

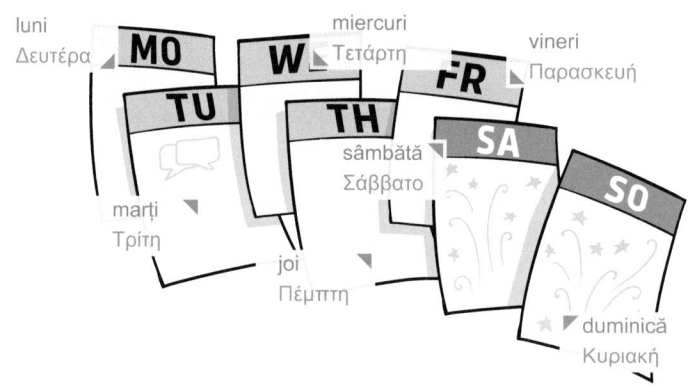

luni
Δευτέρα

miercuri
Τετάρτη

vineri
Παρασκευή

marţi
Τρίτη

sâmbătă
Σάββατο

joi
Πέμπτη

duminică
Κυριακή

ieri

χθες

azi

σήμερα

mâine

αύριο

dimineaţă

πρωί

amiază

μεσημέρι

seară

βράδυ

| MO | TU | WE | TH | FR | SA | SU |
|----|----|----|----|----|----|----|
| 1 | 2 | 3 | 4 | 5 | 6 | 7 |
| 8 | 9 | 10 | 11 | 12 | 13 | 14 |
| 15 | 16 | 17 | 18 | 19 | 20 | 21 |
| 22 | 23 | 24 | 25 | 26 | 27 | 28 |
| 29 | 30 | 31 | 1 | 2 | 3 | 4 |

zile lucrătoare

εργάσιμες ημέρες

| MO | TU | WE | TH | FR | SA | SU |
|----|----|----|----|----|----|----|
| 1 | 2 | 3 | 4 | 5 | 6 | 7 |
| 8 | 9 | 10 | 11 | 12 | 13 | 14 |
| 15 | 16 | 17 | 18 | 19 | 20 | 21 |
| 22 | 23 | 24 | 25 | 26 | 27 | 28 |
| 29 | 30 | 31 | 1 | 2 | 3 | 4 |

week-end

Σαββατοκύριακο

ploaie
βροχή

curcubeu
ουράνιο τόξο

zăpadă
χιόνι

vânt
άνεμος

primăvară
άνοιξη

toamnă
φθινόπωρο

vară
καλοκαίρι

iarnă
χειμώνας

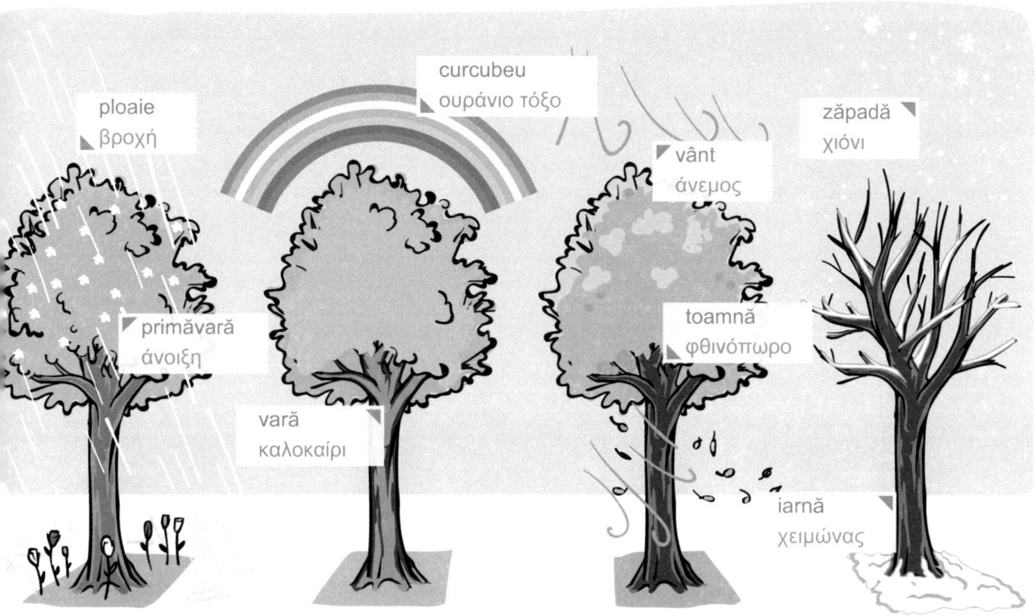

prognoză meteo

πρόγνωση καιρού

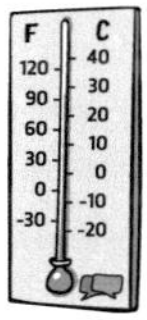

termometru

θερμόμετρο

lumina soarelui

λιακάδα

nor

σύννεφο

ceață

ομίχλη

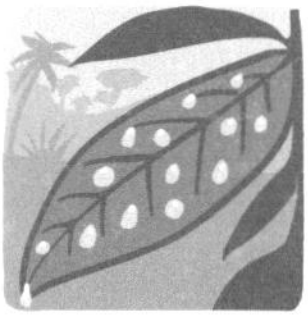

umiditate a aerului

υγρασία

fulger

αστραπή

tunet

κεραυνός

furtună

καταιγίδα

grindină

χαλάζι

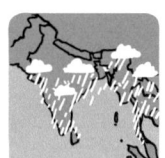

muson

μουσώνας

inundaţie

πλημμύρα

gheaţă

πάγος

ianuarie

Ιανουάριος

februarie

Φεβρουάριος

martie

Μάρτιος

aprilie

Απρίλιος

mai

Μάιος

iunie

Ιούνιος

iulie

Ιούλιος

august

Αύγουστος

septembrie
Σεπτέμβριος

octombrie
Οκτώβριος

noiembrie
Νοέμβριος

decembrie
Δεκέμβριος

## forme
## σχήματα

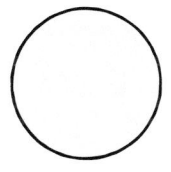

cerc
κύκλος

pătrat
τετράγωνο

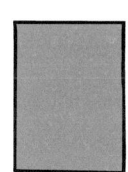

dreptunghi
ορθογώνιο
παραλληλόγραμμο

triunghi
τρίγωνο

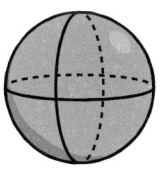

sferă
σφαίρα

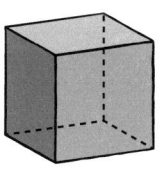

cub
κύβος

alb

άσπρο

galben

κίτρινο

portocaliu

πορτοκαλί

roz

ροζ

roşu

κόκκινο

violet

μωβ

albastru

μπλε

verde

πράσινο

maro

καφέ

gri

γκρι

negru

μαύρο

mult/puțin

πολύ / λίγο

furios/calm

θυμωμένος / ήρεμος

frumos/urât

όμορφος / άσχημος

început/sfârșit

αρχή / τέλος

mare/mic

μεγάλος / μικρός

luminos/întunecat

φωτεινός / σκοτεινός

frate/soră

αδελφός / αδελφή

curat/murdar

καθαρός / λερωμένος

complet/incomplet

πλήρης / ατελής

zi/noapte

ημέρα / νύχτα

mort/viu

νεκρός / ζωντανός

lat/strâmt

φαρδύς / στενός

comestibil/necomestibil

βρώσιμος / μη βρώσιμος

rău/prietenos

κακός / ευγενικός

emoționat/plictisit

ενθουσιασμένος / βαριεστημένος

gras/slab

παχύς / λεπτός

primul/ultimul

πρώτος / τελευταίος

prieten/inamic

φίλος / εχθρός

plin/gol

γεμάτος / άδειος

tare/moale

σκληρός / μαλακός

greu/ușor

βαρύς / ελαφρύς

foame/sete

πείνα / δίψα

bolnav/sănătos

άρρωστος / υγιής

ilegal/legal

παράνομος / νόμιμος

inteligent/stupid

έξυπνος / χαζός

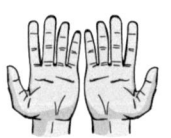

stânga/dreapta

αριστερός / δεξιός

aproape/departe

κοντινός / μακρινός

nou/uzat

καινούριος / μεταχειρισμένος

nimic/ceva

τίποτα / κάτι

bătrân/tânăr

γέρος | νέος

pornit/oprit

αναμμένος / σβηστός

deschis/închis

ανοιχτός / κλειστός

încet/tare

χαμηλόφωνος / μεγαλόφωνος

bogat/sărac

πλούσιος / φτωχός

corect/fals

σωστός / λανθασμένος

aspru/neted

τραχύς / λείος

trist/fericit

λυπημένος / χαρούμενος

lung/scurt

κοντός / μακρύς

încet/repede

αργός / γρήγορος

ud/uscat

υγρός / στεγνός

cald/rece

ζεστός / δροσερός

război/pace

πόλεμος / ειρήνη

**0**

zero

μηδέν

**1**

unu

ένα

**2**

doi

δύο

**3**

trei

τρία

**4**

patru

τέσσερα

**5**

cinci

πέντε

**6**

şase

έξι

**7**

şapte

εφτά

**8**

opt

οκτώ

**9**

nouă

εννιά

**10**

zece

δέκα

**11**

unsprezece

έντεκα

**12**

douăsprezece

δώδεκα

**13**

treisprezece

δεκατρία

**14**

paisprezece

δεκατέσσερα

**15**

cincisprezece

δεκαπέντε

**16**

şaisprezece

δεκαέξι

**17**

şaptesprezece

δεκαεφτά

**18**

optsprezece

δεκαοκτώ

**19**

nouăsprezece

δεκαεννέα

**20**

douăzeci

είκοσι

**100**

o sută

εκατό

**1.000**

o mie

χίλια

**1.000.000**

un milion

εκατομμύριο

engleză

Αγγλικά

engleză americană

Αμερικάνικα Αγγλικά

chineza mandarină

Μανδαρίνικα Κινέζικα

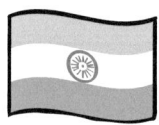

hindi

Χίντι

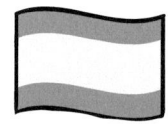

spaniolă

Ισπανικά

franceză

Γαλλικά

arabă

Αραβικά

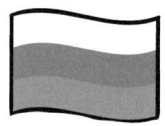

rusă

Ρώσικα

protugheză

Πορτογαλικά

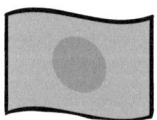

bengaleză

Μπενγκάλι

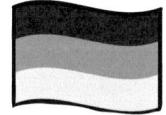

germană

Γερμανικά

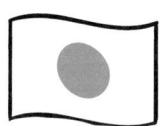

japoneză

Ιαπωνικά

eu

εγώ

tu

εσύ

el/ea

αυτός / αυτή / αυτό

noi

εμείς

voi

εσείς

ea

αυτοί / αυτές / αυτά

cine?

ποιος / ποια / ποιο;

ce?

τι;

cum?

πώς;

unde?

πού;

când?

πότε;

nume

όνομα

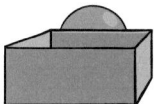

în spate

πίσω

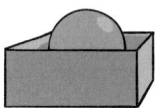

în

μέσα

înainte

μπροστά

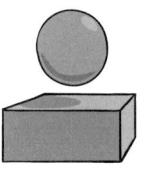

peste

πάνω από

pe

πάνω

sub

κάτω

lângă

δίπλα

între

ανάμεσα

loc

μέρος